ÉVOLUTION
DE LA JURIDICTION CIVILE
DU MAGISTRAT PROVINCIAL
SOUS LE HAUT-EMPIRE

PAR

Louis FALLETTI

DOCTEUR EN DROIT (SCIENCES JURIDIQUES ; SCIENCES POLITIQUES)
LAURÉAT DE LA FACULTÉ DE DROIT DE PARIS
LICENCIÉ ÈS LETTRES

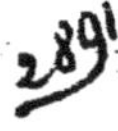

PARIS

LIBRAIRIE GÉNÉRALE DE DROIT & DE JURISPRUDENCE

Ancienne Librairie Chevalier-Marescq et Cie et ancienne Librairie F. Pichon réunies

R. PICHON ET R. DURAND-AUZIAS, ADMINISTRATEURS

Librairie du Conseil d'État et de la Société de Législation comparée

20, RUE SOUFFLOT (5e ARR^t)

—

1926

ÉVOLUTION
DE LA JURIDICTION CIVILE
DU MAGISTRAT PROVINCIAL
SOUS LE HAUT-EMPIRE

DU MÊME AUTEUR

Le retrait lignager en droit coutumier français.
Paris, *Presses Universitaires*. 1923, 527 pages.

(Ouvrage couronné par la Faculté de Droit de Paris :
Prix Charles Lefebvre et Prix de thèse).

ÉVOLUTION
DE LA JURIDICTION CIVILE
DU MAGISTRAT PROVINCIAL
SOUS LE HAUT-EMPIRE

PAR

Louis FALLETTI

DOCTEUR EN DROIT (SCIENCES JURIDIQUES ; SCIENCES POLITIQUES)
LAURÉAT DE LA FACULTÉ DE DROIT DE PARIS
LICENCIÉ ÈS LETTRES

PARIS

LIBRAIRIE GÉNÉRALE DE DROIT & DE JURISPRUDENCE

Ancienne Librairie Chevalier-Marescq et Cⁱᵉ et ancienne Librairie F. Pichon réunies
R. PICHON ET R. DURAND-AUZIAS, ADMINISTRATEURS
Librairie du Conseil d'État et de la Société de Législation comparée
20, RUE SOUFFLOT (5ᵉ ARRᵗ)

1926

A MON PÈRE ET A MA MÈRE

A MON FRÈRE

INTRODUCTION

VUE D'ENSEMBLE DE LA MAGISTRATURE, SPÉCIALEMENT DE LA MAGISTRATURE EXERCÉE EN PROVINCE

1. — Que, sous l'angle historique, le droit romain soit le droit d'une cité, *jus proprium civitatis,* ouvert aux membres de cette Cité et à eux seuls (1) ; que, de plus, dans ce droit, on ait de fort bonne heure pratiquement distingué un droit public régissant la *Res romana,* un droit privé relatif aux intérêts particuliers (2), ce sont des points hors de conteste. A vrai

---

(1) C'est le point de vue auquel s'attache Gaius en ses *Inst.* Cf. I, 1 et 8. En ce sens, on peut dire que tout le Dr. rom. se présente comme un dr. publ. : la Patr. Pot. est un *jus proprium civium roman.* ; le *dom.* est *ex jure quirit,* etc. Mais le mot *publicum* a une acception plus spéciale, non toujours identique d'ailleurs. Cf. Gaius, 3 E. P. (50. 16), 16 : « publica appellatio in compluribus causis ad populum roman. respicit ; civitates enim privatorum loco habentur ». Mais v. 4. E. P. (41. 3), 9 ; Inst. II, 11, etc. Au contraire, les Germains s'en sont tenus à la notion de race (Cf. Wlassak, *Processgesetze,* II, p. 129, n. 6).

(2) Avec la décadence de la Cité polit., ce point de vue prend la première place dans les exposés théoriques. Ulp. 1, *Inst.* (1. 1), 1, § 2 que suit Just., *Inst.* (1. 1), 4. Les *praecepta civilia* constituent le troisième élément du *jus privatum,* « tripartite » de tradition.

dire, la notion d'un droit public, conséquence de l'existence même de la Cité, paraît s'être imposée d'abord, de sorte que la seconde aurait été dégagée comme à son contact et par contraste (1). La chose se comprend : aux origines, une donnée quasi-unique et de portée unilatérale remplit, épuise ce que l'on pourrait appeler droit privé : la notion de *potestas* appartenant au *Pater*, sur tout ce qui compose, personnes ou biens, sa *familia*. Or, à côté de cette *Potestas*, la Cité Romaine, bien qu'issue de la fédération de *gentes* elles-mêmes groupements de *familiæ*, dresse une autre puissance (2), la puissance du *Magistratus*. Dès lors un droit public est né. Est magistrat, celui-là qui assume, dans une société d'hommes libres, les devoirs et les droits de l'autorité : commander, exiger obéissance. Par sa permanence et sa plénitude (3), la puissance reconnue au magistrat est comme la traduction concrète de l'accord de tous ceux qui composent la Cité ; en face du *magistratus*, les autres citoyens sont des *privati* (4). Ils le sont, fussent-ils *patres* (5). De même

(1) Cf. par ex. Ulp. 36 Ed. (27. 8), 1, § 9.

(2) Différente au moins par l'objet, sinon aussitôt par le mode d'exercice (Cf. de Visscher, *Potestas et Cura*, dans *Mél. Perozzi*, 1925, p. 400-406). De même que l'activité du citoyen est calquée sans doute, à l'origine, sur celle du membre de la *gens* ou *ingénu*. V. aussi Wenger, *Hausgew u. Staatsgew.* (Misc. Ehrle, 1924).

(3) C'est ce qui distingue la Mag. de la fonction extraordinaire pour l'érection de laquelle intervient chaque fois une décision du peuple. Momm., IV, p. 323.

(4) Pomp. *Ench* (1. 2), 2, § 6 : « quis quoquo anno præesset privatis ».

(5) Fils de fam. et par suite n'ayant aucun esclave à affran-

que le magistrat est tel envers tous et jusqu'envers son *pater* (1). — De fait, traditionnellement, cette puissance du magistrat revêt une couleur populaire. Magistrat et peuple se complètent, mieux ils « se font » l'un l'autre. Ce qu'il faut entendre ainsi :

Tout d'abord, le peuple lui-même, organisme de l'Etat, ne se conçoit pas sans le magistrat. C'est sur la *rogatio* d'un magistrat ayant le *jus cum populo vel plebe agendi* (2) que, dans certaines conditions (3), le peuple porte ce *generale jussum* qu'est selon les comices la *lex sive plebiscitum* (4). C'est sur une telle *rogatio* qu'il élit les titulaires des diverses magistratures. —

chir, le Mag. est apte à prêter aux *privati* le concours nécessaire à leurs affranch. Ulp., 16. Pl. (40. 2), 18 pr.

(1) Le père qui affranchit recourt à son fils mag. Ulp., 26. Sab., (1. 14), 1. Bien plus, le fils de fam. peut être donné lui-même auprès de lui-même en adopt. Paul, 4. *Sab.* (1. 7) 3, règle donnée pour le consul ou le *Præses*. V. aussi (1. 14), 2. En mat. content. Ulp., 4 Fid. (36. 1), 13, § 5. Quant à la mag. mun., si la responsabilité pécuniaire qu'elle peut entraîner ne saurait atteindre le *Pater*, celui-ci ne saurait non plus s'opposer à la désignation de son fils. Cf. Jul. *ap.* Ulp. (27. 8), 1, § 17. Sév. *ap.* Call. (50. 4), 14, § 4 ; Ulp. 2 Opin. *eod. tit.*, 3, § 5 ; Paul, 1, resp. (50. 1), 21. Réciproquement, la famille romaine a dû sans doute à la *Potestas* de n'être point absorbée par la Cité, comme il est arrivé parfois. Rappr. l'*Antigone* de Sophocle.

(2) Tous les magistrats ont du moins le *jus contionem habendi*.

(3) Surtout la *Patrum Auctoritas*, avec toute l'incertitude du terme *Patres*. Cf. en sens divers Cuq, *Anc. Droit*, p. 23 et 158. Mommsen, VII, p. 237. Willems, p. 181 et 183.

(4) Capito (publici privatique juris peritissimus) *ap.* Gell, X, 20 : Lex ... est generale jussum populi aut plebis rogante magistratu ». Mais chaque magistrat, dans sa sphère d'action, peut porter aussi une *Lex*. Cfr. Mommsen, VI, 1, p. 355, n. 2.

Car, en retour, il ne saurait y avoir de magistrat, certaines hypothèses à part (1), qu'à la suite d'un vote du peuple assemblé.

Traditionnellement aussi, deux termes sont en usage pour qualifier l'autorité du magistrat : *imperium* et *potestas*, celui-là plus technique, plus précis que celui-ci (2). *Potestas* pourra servir à qualifier les droits des *privati* : tels justement ceux des *patres familias*. D'autre part, qui a l'*imperium* ne peut pas ne pas avoir aussi la *Potestas*, mais la réciproque n'est point exacte (3). Au vrai, ce qui spécifie l'*imperium*,

(1) Mommsen, I, p. 10. Cic. *De leg. Agr.* 2, 7. 17 cité *ibid.*, p. 7, n. 4.

(2) Cfr. notamment Mommsen, *Dr. Publ.*, I, p. 7, Leinfer, *Die Einheit des gewaltgedank.* Rosemberg dans Pauly-Wissowa, v° *Imperium* (1916).

(3) L'*Imperium* n'est que l'espèce ; *potestas* est le genre. Tandis que l'imperium est un, il ne peut y avoir qu'une infinité de Potestates. Quiconque peut faire quelque chose en a la *potestas*. S'agit-il d'une faculté reconnue par la loi on le marque parfois en disant *jus potestasque* (rappr. au contr. *vis ac potestas*, définition ancienne de la tutelle, 26, 1, 1 pr.), formule qui se rencontre tant pour les représentants de la Cité (jus potestas que sententiam dicendi : *Lex Col. Jul.* 65 : Lex *Quinctia*, etc.) que pour les particuliers (actions populaires : Lex *Col. Jul.* 126, 128, 130, 131 ; nuance peut-être à cet égard dans *Lex Malacit* 62, à rappr. 64. 67). V. de même Sc. de *Asclepiade* (Bruns, 41). Aqued. de *Venafrum*, etc... Dans le même sens, *potestas* d'user des divers moyens qu'ouvre le droit : p. ex. pot. *denuntiandi* (*Lex. Jul. Agr.*); de faire *causæ prob.* (Gaius, 1. 29) ; *Pot. abstinendi* (Gai. 29. 2. 57) ; *Pot. requirendi fugitivos* (C. 6. 1. 2), etc. *Potestas* pour tel agent d'accomplir tel acte : *potestas* (ou licentia) *dandi judicis* (C. 3. 3. 2) ; pot. *judicandi* (3. 13), 1 ; *interpretandi*, Macer (49. 1), 4. Le Judex a aussi sa *potestas*. Cfr. Wlassak. *Iudikations bef.*,

c'est son caractère public (1). Il y a eu *imperium* dès lors qu'il y a eu Cité et il n'a pu y en avoir qu'alors. Son obtention par certains magistrats a supposé toujours sous la République un vote des curies, *lex curiata de imperio*, vote sans doute de pure forme, le titulaire étant désigné par d'autres comices, mais forme maintenue quand même suivant l'esprit conservateur et prudent des Romains.

Par essence, l'*Imperium* est donc le commandement au nom de la Cité ; c'est encore et nécessairement le

p. 160. C'est donc une notion à la fois très large et très concrète. Dans les lois mun. l'addition de *Potestas* à *Magistratus* (p. ex. *lex J. M. 84. 140, lex col. Jul.* 95) constitue peut-être non pas tant une précision qu'une redondance sans laquelle l'esprit méticuleux du Romain ne serait pas absolument tranquille (Cf. lex de G. C. 20 : neve quis magist. prove mag. neve quis pro quo imperio potestate ve erit). Mais la *potestas* a sa valeur propre dans le cas des Mag. dits *cum potestate* et aussi chez les jurisc. du IIIe siècle où elle se réfère souvent (Ulp.) à une fonction érigée directement par le prince. Notion concrète *la pot.* sert à comparer entre elles les Mag., à exprimer le contenu de chacune (Ulp. 2. 3. 1 pr.) ; elle est présentée comme l'exercice même de la Magistr. (Ulp. 1. 16. 1 et 16) ; la *potestas gladii*, qui techniquement constitue l'*imp. merum*, est encore la *Potestas* tout court (Ulp. 2. 1. 3. Cfr. Cicér. *ad Quint*, I, 1. 35 « *remoto imperio*, ac vi *potestatis et fascium* publicanos cum græcis *gratia atque auctoritate* conjungas ».

Enfin, plus tard, semble-t-il, on en vient à parler de la *Potestas* des moyens de droit : *pot. sententiæ* (Diocl. 7. 45. 7), *pot. provocationis* (7. 62. 6), *pot. except. doli mali* (5. 18. 6).

(1) Il n'y a pas de principe sans tempérament, surtout à Rome ; *Imperium* a pu être employé à propos de domination sur des esclaves (Hadr. *ap. Coll.* 3. 3. 5). Quand Tac. Ann. VI. 32 parle d'un « gentile imperium » il s'éloigne également de la conception liant imp. et Cité.

droit, symbolisé par les faisceaux, de contraindre le citoyen qui désobéit, *coercere* (1).

2. — Aux origines, il n'y avait d'ailleurs pas lieu de distinguer ; acquérant l'*imperium*, le roi était en possession, sa vie durant, de l'autorité publique intégrale ; il était en somme l'unique magistrat. Mais ce sont les caractéristiques de l'ordre républicain que de conférer l'autorité publique seulement à temps ; d'en répartir l'exercice entre plusieurs ; et même de réserver au peuple le contrôle des actes les plus graves qu'un magistrat puisse accomplir : ceux qui atteignent, dans sa personne ou ses biens, un citoyen romain.

La *Provocatio ad populum* assure ce dernier effet ; elle substitue le *judicium* du peuple au décret du magistrat ; pour celui-ci, il y aurait « presque parricide » à faire mourir un citoyen romain (2).

La magistrature, toujours temporaire, est en principe annuelle. L'ex-magistrat redevient *privatus*, comptable de sa gestion devant le peuple, sauf une observation capitale. L'exercice d'une charge publique lui ouvre l'accès du Sénat, ce troisième organe de la vie politique à Rome, qui, recruté de la sorte, représente en face du peuple l'expérience, en face du magistrat

(1) Ulp. 5 Ed. (2), 2. « Magistratus qui imperium habent, qui coercere aliquem pessunt et jubere in carcerem duci ». Ce n'est pas que le Mag. *cum potestate* soit dépourvu de toute *cœrcitio* (amendes, *pign. capio*). Cf. Willems, *Dr. Publ.*, p. 48-51. Mommsen, I, p. 156 s.

(2) Cfr. Cic. in *Verr. Act. sec.*, V, 66 ; cfr. l'une des *Leges Porciæ* (Liv. X, 9).

qui passe, la continuité, la tradition. Aristocratie de fait (1), aux rangs bientôt suffisamment fermés pour que l'« homo *novus* » paraisse singulier.

La remise de l'autorité à plusieurs résulte tant de la collégialité qui régit chaque magistrature que de l'établissement, à côté de l'*imperium* et en vue de faire face à des besoins déterminés (2), de diverses *potestates* autonomes. La collégialité fait que, si chaque magistrat jouit intégralement de la *potestas* attachée à sa magistrature, il rencontre dans la *potestas* identique dont est investi son collègue un frein, une barrière éventuelle. Il est de principe que toute *potestas* peut casser l'acte qu'a posé une *par potestas* (*intercedere*). *A fortiori* l'acte posé par une *potestas* moindre (3). Ainsi, c'est par le degré d'intensité de leur *potestas* respective que les diverses magistratures, en soi toutes égales, se trouvent hiérarchisées. Hiérarchie de caractère et de portée plus politique qu'administrative et dont on escompte l'équilibre entre ces divers pouvoirs capables de se neutraliser.

Il demeure que parmi les *Potestates*, il en est une dont on dit qu'elle est un *Imperium*. La magistrature *cum imperio* continue nécessairement d'être la repré-

(1) Nous nous plaçons après la fusion entre peuple et plèbe.

(2) Parmi ces potestates, il faut bien mettre à part celle des Tribuns de la plèbe. Institution révolutionnaire, conçue comme un *auxilium adversus consulare imperium* (*magistratus plebis*), elle a gardé de cette origine des traits originaux (intercession du trib. contre le Cons. et non pas réciproq. ; *jus prensionis*) qui la feront « utiliser » dans le principat.

(3) Cfr. Cuq, *Dict.*, v° *Intercessio*.

sentation suprême de la Cité. A la tête de l'ensemble de l'organisation publique, son activité peut et doit s'étendre à tout domaine pour lequel il n'existe point de *potestas* spéciale. Tel le domaine militaire. Sous ce rapport, l'*imperium* passager du magistrat n'est que l'instrument propre à établir une domination de portée plus haute, l'*imperium populi romani* sur les vaincus (1). Aussi est-il de tradition que, *militiæ*, c'est-à-dire hors de Rome, en campagne, le magistrat retrouve entière sa liberté d'action ; il n'est plus notamment de *potestas* capable d'intercéder contre ses décisions, ni même, du moins jusqu'à l'avant-dernier siècle de la République, de comices populaires auprès duquel provoquer (2). Le contraste est grand avec ce qui a lieu *domi*, dans la Ville. Si grand que l'on en vient finalement à établir, dans les territoires constitués en provinces, des magistratures distinctes de celles de Rome.

3. — Assurément, cela suppose une transformation profonde dans l'économie interne de l'*Imperium*. Que l'annalité et la collégialité l'aient régi dès l'abord, de même qu'elles ont régi les *potestates* instituées plus tard, la chose est naturelle ; deux Consuls annuels détiennent l'*Imperium* qu'avait autrefois le roi via-

---

(1) Cfr. Cic., *ad. fam.*, XV, 1. 5 : « ne amittendæ sint omnes hæ provinciæ quibus vectigalia populi Romani Continentur... propter acerbitatem atque injurias imperii nostri... ».

(2) Mommsen, I, p. 69 écarte même l'intercessio collegæ : *contrà*, Willems, *Dr. P.*, p. 210, nº 1.

ger. Mais la collégialité est bientôt ici élargie de façon anormale et singulière. Elle englobe les diverses prétures créées successivement à partir du iv⁰ siècle de Rome ; par une exception unique, un même collège associe des *potestates* d'intensité différente ; le préteur *minor potestas* vis-à-vis du consul est néanmoins son collègue. Il l'est, en tant que titulaire de l'*Imperium* lequel est un, comme une est la Cité. Que cette solution théorique (1) ne masque toutefois pas les faits : dans la réalité, l'*Imperium*, à mesure qu'il se répartit en des magistratures plus nombreuses, perd sa simplicité première. Dès la création des plus anciennes prétures, il est notable qu'une donnée d'ordre géographique vient conditionner l'exercice par le magistrat de l'*imperium* dont il est revêtu. L'activité du préteur *qui jus dicit inter cives* (depuis 387/367), celle du préteur *qui jus dicit inter cives et peregrinos* (depuis 512/242), se limitent à la ville de Rome. Elles sont en outre proprement civiles ; *jus dicere* ce n'est pas, à la vérité, exercer d'une façon générale, le pouvoir judiciaire ; il n'en est point à Rome et le titulaire d'une *potestas* quelconque est de ce chef juge des litiges qu'elle entraîne. Ce n'est pas non plus *juger* les litiges qui naissent entre particuliers ; seul, un *privatus*, agréé de chaque adversaire, est apte à porter une

____

(1) Cic. *ad. Attic*, IX, 9. 3. Messala *ap.* Gell, XIII, 15. Ces textes mêmes le marquent où l'on refuse au prêt la présid. des Comices devant élire les consuls ou prêts. Du moins les Prêteurs sont aptes à remplacer éventuellement les Consuls.

sentence par où seront définis leurs droits. C'est simplement ménager, dans l'intérêt de la paix de tous, le concours de l'autorité publique à la fin de tels différends. Ce faisant, l'*Imperium* est certes dans son rôle. L'*Imperium* du prêteur, faut-il ajouter désormais, à la différence de celui pourtant supérieur des Consuls. Ainsi se produit une dissociation au sein même de l'*Imperium*. Le *Jurisdictio inter privatos* apparaît, dans l'*Imperium*, comme une branche distincte, *imperium mixtum cui etiam jurisdictio inest*, dit-on plus tard (1) ; de cette branche procèdent deux *provinciæ*, deux cercles d'attributions, celui du prêteur *urbain*, celui du prêteur *pérégrin*. Toutefois, en dépit du titre du premier, l'une et l'autre *provinciæ* sont *urbanæ* ; il n'en est de telles qu'à Rome (2).

Hors de Rome, ou plutôt hors d'Italie, il se forme également des *Provinciæ*, mais de portée purement géographique. L'*Imperium* conserve son unité interne (3) ; seulement ses manifestations sont pour la

(1) Ulp. 2, *De off. Quæst.* (2. 1), 3.

(2) Sur ces expressions, cfr. Mommsen, III, p. 226, n. 1 ; Willems, *D. P.*, p. 187, n. 8.

(3) A vrai dire Mommsen s'attachant au titre de prêteur, voit dans le mag. prov. avant tout un mag. investi de la justice civile (*Dr. Publ.*, III, p. 251) ; aussi en est-il venu à lui refuser la jur. pénale sous la Rép. (*Dr. Pén.*, I, p. 266. *Contrà, Dr. Publ.*, III, p. 270), tout en lui reconnaissant la *coercitio* capitale. Distinction peut-être subtile (cfr. Girard, *Org. Jud.*, I, p. 327, n. 1). Aussi bien le Gouv. se considère comme préposé et à la *res militaris* et à la *jurisdictio* ; il partage son temps entre l'une et l'autre (Cic. *ad. Att.*, V, 14. 2. *Ad. fam.*, II, 13. 3 ; XV, 2. 1 ; X, 3. 1, cfr. Strabon, III, 4. 20). C'est d'ailleurs là une question

plupart liées à un territoire déterminé. La création
sous la République des prêtures postérieures se trouve
précisément en rapport étroit avec l'organisation des
régions occupées par Rome victorieuse. Le terme normal de l'occupation est la constitution de circonscrip-
tions, placées sous l'*imperium* d'un magistrat propre,
d'un prêteur. On fit de la sorte, pour la Sicile cartha-
ginoise en 513/241, pour la Sardaigne en 523/231,
pour les Espagnes citérieure et ultérieure en 537/
197 (1). Ce sont là autant d'*imperia* géographiques (2),
bien qu'en eux-mêmes identiques.

Il n'est cependant pas encore de fossé entre l'*imperium* exercé à Rome et l'*imperium* exercé à un titre
militaire. On le voit bien quand les Consuls ont en
principe le commandement militaire en Italie (3) ;
quand les prêteurs de Rome sont eux-mêmes aptes à
l'assumer, soit en personne, soit par délégation (4) ;
quand à l'inverse, les prêteurs provinciaux procèdent
avant leur départ à des instructions criminelles (5) ;
plus encore quand les divers magistrats de Rome,
consuls ou prêteurs, sont régulièrement appelés, après
leur année de charge, à exercer l'*imperium* dans les

qui peut varier avec chaque province (*Ad. Quint. fr.*, I, t. 5).
Cfr. Leifer, *op. cit.*, p. 301-326.

(1) Cfr. Momms., III, p. 227. Girard, *Org. Jud.*, I, p. 316-333.

(2) Cfr. Cic., *Ad. fam.*, XIII, 55. 2 : « in tuo toto imperio
atque provincia... ». *Ad. Q. fr.*, I, 1. 32. *Ad. Att.*, VI, 2. 4
« quod nullus in imperio meo sumptus factus est ».

(3) Cfr. Mommsen, I, p. 63.

(4) *Id.*, III, p. 268 et 223.

(5) Cfr. Girard, *Organ. Jud.*, I, p. 322, n. 4.

provinces que l'on ne peut, faute d'un nombre suffisant de prêteurs, confier à un magistrat nouveau (1). L'expédient de la *promagistrature,* proconsulat ou propréture, de la magistrature conférée *domi,* continuée *militiæ,* et cela sans intervention populaire (2), sur simple sénatus-consulte (du moins dès que la pratique en devient ordinaire), marque qu'ici et là le même *imperium* s'exerce, mais dans des conditions différentes.

Avec Sylla, les choses changent (3). Tout commandement militaire est exclu de l'Italie ; le Consulat affecte un caractère purement civil. Puis, nul prêteur n'est préposé à une province avant d'avoir rempli sa charge à Rome, son année durant. C'est, en ôtant à la promagistrature tout caractère d'expédient, faire du gouvernement des provinces une magistrature autonome, ayant ses traits propres, et trouvant une place définitive dans la carrière des honneurs : l'ex-consul, l'ex-prêteur troquent leur magistrature urbaine contre la magistrature provinciale, qualifiée en tout cas de proconsulat. Innovation encore accentuée quand on en vient, au début du viiie siècle de Rome, à exiger un intervalle de cinq ans entre les deux gestions (4). Ce n'est donc plus assez de parler d'*Imperium* exercé

(1) Cfr. dans Marquardt, *Organ. de l'Empire romain,* II, p. 494 le tableau des provinces.

(2) Cfr. Willems, *Dr. Publ.*, p. 197.

(3) Willems, *op. cit.,* p. 198, n. 11. Mommsen, III, p. 108 et 229.

(4) Willems, p. 199, n. 5 et Mommsen, III, p. 277, avec un désaccord sur la date précise.

diversement, *domi* et *militiæ* ; il y a un *imperium* civil qui s'exerce à Rome, morcelé d'ailleurs entre plusieurs, et limité encore par l'existence de nombreuses *potestates* ; il y a un *imperium* provincial à caractère militaire, détenu par un seul, et dont les manifestations sont universelles. Le parallèle est célèbre que Cicéron, dans une lettre à son frère, Gouverneur d'Asie, établit entre Rome « ubi tanta arrogantia est, tam *immoderata libertas*, tam *infinita hominum licentia*, *denique tot magistratus, tot auxilia, tanta vis, tanta senatus auctoritas* » et la province « in qua tanta multitudo civium, tanta sociorum, tot urbes, tot civitates, *unius hominis nutum intuentur ; ubi nullum auxilium est, nulla conquestio, nullus senatus, nulla contio* » (1).

Il serait toutefois inexact de présenter le Gouverneur comme le seul *magistrat* qui soit en province. La règle veut en effet que tout commandant en chef soit accompagné d'un questeur (2) dont la *potestas* s'exerce dans l'ordre financier et aussi, en partie, judiciaire. Aussi bien, n'est-ce vis-à-vis du Gouverneur qu'une *minor potestas*.

De l'idée de promagistrature, il reste que, contrairement à l'ordinaire, aucune intervention du peuple ne se produit pour la collation de la nouvelle charge.

---

(1) Cic. *ad. Quint.*, I, 1. 22. Cic. ad. Q. fr., I, 1. 43 : « ... mihi casus urbanam in magistratibus administrationem reipublicæ, tibi provincialem dedit ».

(2) Cfr. Girard, *Org. Jud.*, p. 321, n. 1. Mommsen, IV, p. 223 estime qu'un lien étroit, dès les origines, unit Consulat et questure. En tout cas, les questeurs ne sont nommés par le peuple que depuis 447 av. J.-C.

Le Sénat continue d'exercer librement en cette matière la haute autorité, complément de celle qu'il assume traditionnellement en fait de politique étrangère. A lui de désigner les provinces que les ayants droit se répartissent ensuite par le sort, soit à titre de Gouverneur, soit à titre de questeur (1) ; à lui d'agréer les *legati* dont chaque Gouverneur désire s'entourer (2) ; à lui de décider l'envoi d'un successeur (3) ; à lui enfin d'assurer pratiquement la *redactio in forma provinciæ* ; à cet effet, il envoie des commissaires qui d'accord avec le Gouverneur arrêtent un statut définitif, *lex provinciæ* (4). — Tutelle infiniment précaire, à partir du règlement de Sulla. Rome et l'Italie sont maintenant à la merci de l'un ou de l'autre de ces magistrats provinciaux auxquels la force est remise (5). Aussi bien, il ne s'agit plus de politique étrangère ; un problème inté-

(1) Cic. *Ibib.* « Quæstorem habes, non tuo judicio delectum, sed eum quem sors dedit ».

(2) Cic. IV, 1. 7, *ad. Att.* « Ille legatos quindecim quum postularet, me principem nominavit et ad omnia me alterum se fore dixit ».

(3) Cic. *Ad. fam.*, II, 8. 3. *Ad. Att.*, V, 2. 1 ; 9. 2 ; 11. 1 ; 17. 4, etc. Il est vrai que, tout à l'impression du moment, il regrettera ensuite de n'être pas demeuré plus longtemps dans son Gouv. *ad. Att.*, VII, 3. 1.

(4) P. ex. *in Verr.*, II, 16 : « legem esse Rupiliam quam P. Rupilius ex S. C. de decem legatorum sententia dedisse ». Cfr. Willems, p. 202, *infrà*, nᵒˢ 8 et 16.

(5) Cfr. As. Poll. ap. ad. fam., X, 31. 5 : « Illud me Cordubæ pro contione dixisse nemo vocabit in dubium provinciam me nulli, nisi qui ab senatu missus venisset, traditurum. Nam de legione tricesima tradenda... ».

rieur se pose qui est celui de la conciliation entre autorité et liberté. *Tam immoderata libertas. Tot magistratus*,
dit Cicéron : ce n'est point en vain que l'*imperium* a été
dissocié. Sulla lui-même avait légiféré en tant que *dictator reipublicæ constituendæ*. Précisément, la magistrature qu'il instaure est un instrument parfait aux mains
des ambitieux qui, dans la seconde moitié du viiie siècle (1er siècle av. J.-C.), cherchent à asseoir leur domination dans Rome (1).

4. — Par le Principat qu'inaugure Auguste, satisfaction est donnée à cette aspiration vers une liberté
réglée, réglée constitutionnellement. C'est une condition que le retour à l'ordre s'effectue dans le sens de la
tradition. De fait, le prince (2), titulaire de la magistrature *provinciale* suprême, investi dans Rome de la
puissance tribunicienne (3), le premier des membres
du Sénat (princeps senatus), se meut en apparence
dans les cadres établis. Il les dépasse seulement, —
mais peut-être est-ce assez pour les faire éclater —, en
ce que, réunissant à perpétuité et de façon unique ces
qualités, il se trouve à même de garantir la vie normale de la cité.

Aussi assume-t-il et lui seul le commandement mili-

(1) Cfr. Mommsen, *Dr. Publ.*, III, p. 109.
(2) Sur ce titre, Mommsen, *id.*, V, p. 35-37. Cfr. Cic., *Ad. Att.*,
IV, 1. 7. « Me principem (legatum) nominavit ».
(3) Cfr. Tac. Ann., III, 56. « Id. summi fastigii vocabulum
Augustus reperit, ne regis aut dictatoris nomen assumeret ac
tamen appellatione aliqua cetera imperia præemineret ». XIV,
48. Dion, LI, 19. Pour la Puiss. Trib. ordin., cfr. Pline, I, 23.

taire. *Conditor disciplinæ militaris firmatorque* (1) : jusque vers le milieu du second siècle, il aime à se présenter comme tel avant tout. C'est à cette fin (2) que répond la division, effectuée dès 27 av. J.-C. par Octave, entre les provinces. « Il se charge lui-même des provinces essentielles à la sûreté de l'Etat, celles qu'il n'est ni facile ni sûr de faire régir par des magistrats annuels. Pour les autres, subsistent les proconsulats annuels, répartis selon le sort (3) ». Assurément, le prince ne saurait assumer en personne le commandement de toutes les légions, l'administration de toutes « ses » provinces. Il se décharge donc, de même que l'avait fait chacun des proconsuls de la République sur des *légats*. A chacune des provinces, il prépose un *legatus Augusti pro prætore* (4), titre significatif et qui marque que l'*imperium* propre (non point une image, une *similitudo*) du magistrat provincial lui est conféré

(1) Pline à Traj., X, 29 (38).

(2) Cfr. Néron ap. Tac., XlII, 4. A l'*Italia* et *Publicæ provinciæ* s'opposent les *exercitus*.

(3) Suétone *Aug.* 47 : « Provincias validiores, et quas annuis magistratuum imperiis regi nec facile nec tutum erat, ipse suscepit : ceteras proconsulibus sortito permisit ». V. aussi Strabon, XVII, 3. 25 et III, 4. 20 (applic. à l'Espagne) ; Dion, LIII, 12.

(4) Cfr. not. Waddington, *Fastes des Prov. Asiat. de l'Emp. rom.*, 1872. Liebenam, *Die Legaten in den rom. Provinzen*, 1888, p. 439 s. Arnold, *the roman system of provincial administration*, 2ᵉ éd., 1905, p. 120 s. Marquardt, *Organ. de l'Emp. rom.*, tr. fr., 1889, t. II, p. 530 s. Von Premerstein v. legatus dans Pauly-Wissova, 1924, coll. 1144. Titres grecs correspondants : Proconsul = ανθύπατος Leg. Aug. pro præt = πρεσβευτὴς Σεβαστοῦ αντιστρατηγος.

par délégation. Dès lors, cela suppose chez le détenteur l'exercice comme par le passé d'une prêture ou d'un consulat, ou tout au moins la qualité obtenue de façon ou d'autre, par *adlectio* peut-être, de *consularis* ou de *prætorius*. Bref, ne peut être *legatus Augusti pro prætore* que celui-là même qui pourrait être proconsul, et de fait on voit fréquemment le même homme remplir l'une et l'autre de ces charges au cours de sa carrière (1) ; il y a des légats qui sont d'anciens proconsuls (2). Au surplus, le légat ne saurait être que *pro prætore* ; l'*imperium minus* inclus dans cette qualification lui convient, car le prince en personne est ici *pro consule* (3).

On aperçoit du moins qu'entre proconsul de la province du peuple, d'une part, légat de l'autre, il n'y a de différence que dans la source dont procède leur activité respective : ici la constitution, là une délégation. Mais, dans son essence, cette activité est identique ; c'est celle d'un magistrat du peuple romain (4).

(1) Cfr p. ex. Salvius Julianus, légat. de Germanie Inf., puis d'Esp. cit., enfin procos. d'Afrique (Boulard, p. 31) ; et bien d'autres.

(2) Cfr. Tac., *Hist.*, III, 46 : « Fonteius Agrippa ex Asia (proconsule eam provinciam annuo imperio tenuerat), Mœsiæ præpositus est ». Dessau, 918 : « Proconsul Asiam provinciam optinuit, legatus pr. pr. divi Augusti iterum Syriam et Phenicem optinuit » (6 ap. J.-C.), 972, 1066, etc.

(3) Trajan est le premier qui ait pris officiellement le titre de Proconsul. Mommsen, V, p. 38 et 48. — Noter l'exception de Pline, qui était sans doute *consulari potestate* (*id.*, III, p. 280, n. 5).

(4) Cfr., *id.*, III, p. 278, n. 2.

Remarque importante dans le domaine judiciaire.

Une délégation fonde le droit du *legatus*. Or, il dépend du déléguant de déterminer et l'étendue et la durée de la délégation. L'étendue : en général, le *legatus pro prætore* est placé à la tête de l'administration tout entière, militaire et civile. Cependant, il arrive que le prince en détache telle ou telle branche qui fait alors l'objet d'une délégation particulière : il prépose parfois à la justice des *legati juridici* (1). De toute façon, des *mandats* précisent ce que le légat peut accomplir (2) ; en outre, devant une question délicate dont la solution est appelée à faire précédent, il doit en référer à celui dont il tient la place (3). La correspon-

(1) Cfr. le Sc. de *Sumptibus ludorum* (Bruns, 63) en 176-177 : « ii qui jus dicunt ». Leg. jur Astyriæ et Gallæciæ : Dessau, 1070 (an 124) ; 1079 (sous Ant.) ; 1155 (Carac). En Bretagne, 1015 (il s'agit de Javolenus : cfr. Pline, VI, 15), 1151 ; 1125 (an 186), 1011 (Vesp. et Tit.). En Esp. Cit. 2939, 8842, 1016 (Traj.) ; 597 (v. 280), 1021. Les juridici ont été introduits en Italie par M. Aur. (rappr. les Consulares ss. Hadr.). Cfr. Borghesi, V, p. 326 s. Jullian, *Transf. pol. de l'It.*, 1884, p. 118 et *Dict.*, v. iurid. Sur un cas particulier en Pannonie, Dessau, 1062. Cfr. Mommsen, V, p. 474, n. 4.

(2) Frontin (éd. Lachmann), II, p. 36 : « Nihil enim magis in mandatis etiam legati provinciarum accipere solent... ». Pline à Traj., X, 56 (64) : « Nam sicut mandatis tuis cautum est ne restituam ab alio aut a me relegatos... » ; *id.*, X, 110-111 (111-112), marque que les particuliers ont le droit d'en invoquer les clauses. Tac. Ann., XIV, 18.

(3) Traj., X, 19 (29). « Provinciales, credo, prospectum sibi a me intellegant ; nam et tu dabis operam ut manifestum sit illis electum te esse, qui ad eosdem, mei loco mittereris », *id.* Pline, X, 29 (38) : « Quid ergo debeam sequi rogo, domine, scribas, præsertim cum pertineat ad exemplum », 65 (71), etc.

dance échangée entre Pline, légat de Bithynie, et Trajan le montre suffisamment (1).

En tout cas, délégué choisi « intuitu personæ » (2), il va de soi que le légat ne peut déléguer à son tour ce qui ne lui appartient pas (3). Au contraire du proconsul qui peut déléguer ce qu'il possède *jure suo* : de fait, celui-ci a coutume de mander sa *jurisdictio* au légat, un ou plusieurs, qui l'accompagnent (4), et avec la *jurisdictio* (5) l'*imperium* nécessaire pour l'exer-

(1) Obs. toutefois que Pline est un flatteur incorrigible autant que désintéressé et naïf, 31 (40) : « Descendas oportet ad meas curas, cum jus mihi dederis referendi ad te de quibus dubito ». Les réponses de T. toujours déférentes comme il sied envers un sénateur laissent percer quelquefois une certaine impatience ; 45-46 (54-55).

(2) Pline, X, 75 (79) : « Iulius Largus... nondum mihi visus... (scilicet iudicio tuo credidit) ».

(3) Cfr. pour la *Jurid. mand.*, Paul, 18, Plaut (1. 21), 5, Ulp. 8. O. T. (26. 5), 8 pr. ; pour la comm. de juger : Gord. (3. 1), 5.

(4) Trois pour les prov. consul. (Asie, Afrique), 1 pour les prêt. Ce légat, souvent fils du proconsul, est préposé à une circonscription ou *diocèse*. Dio. de Carthage, en Afrique, Dessau, 1061, 1220 ; *adde* C. I. L, II, 1510, 1262, XIV, 3399. Dioc. d'Hippone, 1126. En Bithynie, 1026. En Achaïe, 1067 (il s'agit du jurisc. Pactumeius Clemens, légat de son beau-père). Au Bas-Emp. en Afr., Gsell, 472, etc.

(5) Cfr. Julien, 1, Dig : nam more majorum ita comparatum est ut is demum jurisdictionem mandare possit, *qui eam suo jure, non alieno beneficio haberet* (2. 1), 5 et 5, dig (1. 21), 3. Pap. 1. quaest (1. 21), 1. Pour le proconsul Pomp., 10 ad. q. m. « legati proconsulis nihil proprium habent nisi aproconsule eis mandata fuerit jurisdictio » (1. 16), 13. Pour le préteur, Ulp. (2. 1), 16 et 17. Le livre III du *De omn. Trib.* d'Ulp. contient une rubrique *De jurisdict. mandata*, de même le livre I du *De Off. Præs.* de Macer.

cer (1) : le *legatus proconsulis* est lui aussi *pro praetore.*

La différence dans l'origine du pouvoir fait encore que, tandis que l'*imperium* du proconsul est normalement annuel (2), l'*imperium* du légat subsiste aussi longtemps que le prince déléguant est dans la volonté de le lui conserver (3), aussi longtemps peut-être que ce prince est en vie (4).

De la sorte, le prince dans « ses » provinces mesure à son gré et suivant les circonstances, l'importance de sa propre action. Et l'état local bénéficie de la fermeté de la direction donnée. C'est l'usage, en présence d'abus, de « soulager la province de l'*imperium* proconsulaire et de la transférer à César », fut-ce momentanément (5). Pline a été choisi afin de façonner les

(1) Cfr. Javol (2. 1), 2 ; Paul sur Pap., *loc. cit.*, § 1.

(2) Tac. hist., III, 46. Ann., III, 58 : quanto facilius abfuturum ad unius anni proconsulare imperium. Sc. de Sumpt. lud. (176). Cas except. de proc. plus longs. Dion, LVIII, 23 et Dessau, 158 (procos. tertio, ss. Tibère).

(3) Tac. ann., I, 80 : « Id quoque morum Tiberii fuit continuare imperia ac plerosque ad finem vitæ iniisdem exercitibus aut jurisdictionibus habere ». « Ut mandaverit quibusdam provincias quos egredi Urbe non erat passurus ». *Hist.*, III, 75, « id unum septem annis quibus Mœsiam... obtinuit ». Cfr. IV, 48, « diuturnitas officii » du legatus legioni. Dion, LX, 25 (Claude). Rappr. la règle de Pap. 1, *Resp.* (1. 18), 20.

(4) Cfr. les inscr. nombreuses portant le nom même du prince dont le personnage considéré a été légat.

(5) Tac., Ann., I, 76 : « Achaiam... onera deprecantes levari in præsens proconsulari imperio tradique Cæsari placuit ». Suet., Claud., 25. « Provincias Achaiam ac ... quas Tiberius ad curam suam transtulerat senatui reddidit » ; *ibid.*, 42, « *et in commendanda Patribus... Achaia*, gratam sibi provinciam, ait, commu-

mœurs de la Bithynie et de fonder ce qui est nécessaire à son perpétuel repos (1).

Aussi bien, il est une action du prince, plus intermittente ou moins arbitraire, mais régulière, constitutionnelle, jusque dans les provinces du peuple. L'existence permanente (2) d'un *jus proconsulare* (3) indépendant des limites territoriales est l'innovation capitale du régime impérial dans ce domaine. *Post Principem* : telle est désormais la réserve indispensable à toute affirmation relative à la plénitude de l'*imperium* du magistrat provincial quel qu'il soit (4). Auguste, ayant divisé les provinces, a soin de visiter, et souvent, la plupart d'entre elles, tant de l'une que

nium studiorum commercio » ; à cet égard rappr. Pline, VIII, 24.

(1) Trajan à Pl., X, 117 (118). Cfr. aussi X, 32 (41) : « Te in istam provinciam missum quoniam multa in ea emendanda apparuerint ». Mais il est des déplacements définitifs : tel le cas de la Bithynie même devenue defin. prov. imp. en 135 ; de l'Illyrie dès 11 ; de la Sardaigne et Corse (Marquardt, II, p. 59-61). D'ordinaire le prince cède en retour au Sénat une de ses provinces : La Gaule Narb. devient sénat. en 22. De même Chypres ; la Pamphylie et Lycie en 135.

(2) Au dern. siècle de la Rép. concession assez fréquente d'un tel majus imp. : p. ex. cas de Pompée, Cic. *ad. Att.*, IV, 1. 7, Même sous l'Empire, cas de Germanicus, Ann., II, 43 : « Majus imperium quoquo adisset quam his qui sorte aut missu principis obtinerent ». Mais cela se rattache alors à l'association au pouvoir du prince (Momms., V, p. 459 s.).

(3) Dion., LIII, 32. Capitol, *Ant.*, 6, etc...

(4) Cfr. Ulp., 39ᵉ éd. (1. 16), 8 et (1. 18), 4. Momms., V, p. 134. Rappr. Cic. ad. q., I, 1. 37, « summum imperium ».

de l'autre espèce (1). Les Saborenses en Bétique veulent rebâtir leur ville ; ils s'adressent à Vespasien (2). Il plaît à Néron, avant de quitter l'Achaïe, province du peuple, de proclamer, comme autrefois Flamininus, au cours des jeux Isthmiques, l'indépendance de ce pays (3). Un ex-questeur provincial consulte Trajan sur l'emploi de certains fonds (4). Plus généralement, le proconsul peut déléguer, avons-nous dit, sa *jurisdictio* à un légat, mais il ne doit pas la lui retirer « inconsulto principe » (5). Non pas que le pouvoir normal, celui du proconsul, soit méconnu : Vespasien adresse les Saborenses au proconsul de Bétique, pour l'une au moins de leurs réclamations. La règle est que le *legatus proconsulis*, consulte *son* proconsul, sans recourir au prince (6). Non pas, surtout, que le Sénat n'ait plus son antique influence vis-à-vis des provinces ; les « provinces du peuple » sont aussi « celles du Sénat ». Vespasien, rétablissant la province d'Achaïe, ne manque pas de la confier comme auparavant au Sénat. Trajan se dessaisit, au profit de cette Assemblée, de la requête à lui faite par le questeur. D'ailleurs comme par le passé, le Sénat préside normalement

----

(1) Suet., Aug. 33, « atque ex utraque genere plerasque sæpius adiit », etc...

(2) Girard, textes, p. 190.

(3) Plutarq. Flam. 2. Suet. ner. 19 et 24 ; Vesp. 8. Cfr. Marquardt, II, p. 218 et 230-31.

(4) Pline, IV, 12 ; V. aussi *Pan.*, 80-70.

(5) Ulp. 1, *O. Proc.* (1. 16), 6, § 1.

(6) *Ibid.*, § 2.

aux tirages au sort (1) et, chose nouvelle, il connaît en règle (au lieu du peuple) des accusations portées contre les ex-proconsuls (2).

Il y a plus : un tel partage entre prince et Sénat s'observe dans une matière où l'Empire apporte encore une innovation, dont la portée excède les limites même du *jus proconsulare*. Du décret porté par tout magistrat, urbain ou provincial, on peut désormais *appeler* au prince toujours, — au Prince ou au Sénat, dans certains cas. Ainsi est-il dit d'Auguste « qu'il déléguait tous les ans au préteur urbain (?) les appels des plaideurs de Rome, et à des consulaires préposés aux affaires de chacune des provinces ceux des autres plaideurs » ; la délégation est par la force des choses un rouage indispensable au gouvernement du prince. Mais l'importance d'une telle activité dépendait du caractère de chaque prince ; et Néron, étant jeune, avait publiquement déclaré ne pas vouloir se faire le juge de toutes les affaires et laisser à l'Italie et aux

---

(1) Il y a des cas except. comme celui de ce « Procos iterum extra sortem auctoritate Aug. Cæsaris et s. c. misso ad componendum statum in reliquum provinciæ Cypri » (915, Dessau), 989 : Procos Achaiæ citra sortem.

(2) Et généralement contre les hauts personnages. Mais l'attitude du prince est déterminante. Cfr. Tac., *passim*. Pline, acc. d'un procos d'Afr., II, 11 (Pallu de Lessert, I, p. 169. Cfr. Gsell Inscr. 2045), de 2 procos de Bétique, III, 4 et 9 ; VI, 29, de 2 de Bithyn. Bassus, IV, 9 ; Cfr. X, 64-65 ; Varenus, V, 20 ; VI, 5 et 13 ; VII, 6 et 10. En Asie, cfr. Chapot, La Prov. Procons. d'Asie, 1904. Arnold, *op. cit.*, p. 134, n. 1 relève, dans Tac. et Pline, 27 accus. dont 7 acquitt.

Provinciæ publicæ l'accès du Sénat par l'intermédiaire des Consuls (1).

5. — Concluons donc qu'en droit les provinces du peuple n'échappent nullement à César pas plus que les provinces de César sont hors la *Res Publica* : c'est en César que le *res publica* trouve son unité (2). Là est l'idée fondamentale du régime, idée posée dès le premier jour, incluse dans les puissances dont le cumul fait le « prince », mise en œuvre par les innovations précédentes, développée peu à peu au hasard des circonstances, selon le tempérament de chaque prince ou l'état de l'opinion. En ce sens au moins on peut dire et l'on a dit que le prince exerce l'*imperium* tout court, sans qualificatif parce qu'intégral (3). Et de la sorte,

(1) Dion, LI, 19, Suet., Aug. 33 : « Appellationes quotannis urbanorum quidem litigatorum prætori delegavit urbano (on lit souvent præfecto urbis; Momms., V, p. 276, nº 1) at provincialium consularibus viris, quos singulos cujusque provinciæ negotiis præposuisset ». Aug. semble avoir entrevu un gouvernement avec Conseils et Secrétaires comme dans notre anc. monarchie (Cfr. la députation du Sénat). Tac., Ann. XIII, 4. Cfr. Merkel, *Geschichte der Kl. appell*, 1883, p. 41 s. Perrot, appel dans l'*Ordo* 1907, p. 137.

(2) Pomp., Ench. (1. 2), 2, § 11 : « Evenit ut necesse esset reipublicæ per unum consuli; nam Senatus non perinde omnes provincias gerere poterat ». Réciproquement le prince laisse parfaitement le Sénat porter des mesures gén. applicables à toutes les prov. Cfr. Tac., Ann., II, 43. Rappr. Pline, X, 72 (77). Sc. de Sumpt. lud.

(3) L'empereur recevait-il un *imperium* distinct de celui que représente le *jus proconsulare* ? Non, dit Momms., V, p. 113-118. La lex de Imp. Vesp. est un fr. de la loi conférant la p. trib. En

il semble que soit rejointe, sous la distinction purement formelle des puissances, la donnée ancienne de
l'*imperium*, représentation une de la cité une.

Rejointe : c'est trop peu. La représentation est pro-
che aujourd'hui de l'absorption. Car, avec le principat,
s'estompe, pour finalement s'évanouir, la relation qui
conjuguait l'activité du magistrat et l'activité du peuple, subordonnait même, en matière pénale, celle-là à
celle-ci. Ce qui était le fait du peuple est ou sera trans-
porté au Prince, — au Sénat dans une certaine
mesure (1). Nous l'avons dit à l'instant, le prince fait
plus que de casser les décrets, tous les décrets, serait-
ce en dehors de l'ordre pénal (2), des divers magistrats : il les réforme. L'*intercessio*, mesure politique,
par où s'équilibrent les magistratures s'efface devant
l'Appel, mesure administrative. Par l'Appel, le prince

ce sens, Di Marzo, Mel Perozzi, 1925, p. 131-135. Oui, disent
Karlowa, *Rom.-Rechtg*, 1, p. 493 ; Willems, *Dr. Publ.*

(1) Quintilien, *Inst. orat.*, III, 10. 1 : « principum autem et
senatus cognitionibus frequens est, et populi fuit » ; Paul, Sent.,
5. 26. 1 : « Lege Julia de vi publica damnatur qui aliqua potestate præditus civem Romanarum antea *ad populum nunc imperatorem appellantem* necaverit ». On n'appelle point d'ailleurs
du Sénat au prince : Hadr. ap. Ulp. (49. 2), 1, § 2. 4. Cfr. Merkel,
appellation, p. 133 suiv.

(2) Aussi bien l'Empire pose en règle que le jus gladii n'appartient pas de plein droit au Gouv. Cette expression parfaite de
l'*Imper* (*imperium merum*, Ulp. 2. 1. 3) est donc disjointe
d'avec la Magistr. sup. Il faut une *délégation* expresse du prince
au magistr. (d'ailleurs générale au iiie siècle ; Momms., *Dr. Pén.*,
I, p. 277 s.). On saisit ici combien facilement l'on passe de l'idée
d'appel à celle d'une délégation chez celui dont on est appel.

se présente dès le début de l'Empire comme le chef hiérarchique de tous les magistrats, en un sens comme l'unique magistrat (1).

Aussi bien, de bonne heure (2), il lui appartient de nommer à la plupart de magistratures, sauf quelques-unes tels les Proconsulats, pour la désignation desquelles le Sénat intervient. A partir de Tibère, les comices électoraux ne se réunissent plus : seules sont maintenues les formes extérieures : « C'est le prince qui donne la magistrature et son décret fait qu'on la peut gérer » dira Ulpien au début du iiie siècle. Et Modestin : « la nomination des magistrats est le fait du prince, elle ne dépend pas de la faveur du peuple » (3). Chaque magistrature n'en subsiste pas moins : « Eadem magistratuum vocabula » (4). Bien plus, il s'en crée de nouvelles, telles les prêtures spécialisées qui, suivant la tendance républicaine, continuent de se multiplier (*infrà*, n° 27). Pareillement le prince s'astreint dans les deux premiers siècles, à ne choisir que des membres de l'ordre sénatorial dont la constitution est l'œuvre propre d'Auguste. Ainsi fait-il pour le gouvernement de ses provinces. Au lieu que, pour d'autres emplois qu'il érige directement, il pré-

(1) Rappr. le rôle du *principale auxilium*, pour les rapp. entre Mag. Ulp. (36. 1), 13, § 4.

(2) Cfr. la clause de la Lex de Imp. Vesp. qui garantit l'élection de tout candidat présenté par le prince.

(3) Ulp. 2 Disp. (42. 1), 57. Modestin, 2, De Pœn (48. 14) 1 pr. Cfr. Pline, Panég. 77.

(4) Tac., Ann. I, 3.

férera recourir à l'ordre équestre par exemple quant
à la gestion de son Trésor, *fiscus* ; également pour l'Administration de certaines régions qui ne sont pas des
provinces, mais des Etats annexés dont le prince ne
fait que continuer la dynastie. Les Préfets qui, *loco
regum*, gouvernent l'Egypte (1) sont des chevaliers.
Ces derniers, si considérable que d'ailleurs soit leur
ordre, sont aptes à tenir la place des rois, à régir une
contrée *inscia legum, ignara magistratuum* (2). Mais la
magistrature requiert autre chose. A défaut de l'élection populaire, la nécessité de participer à l'ordre

(1) Tac., *Hist.*, 1. 11. A vrai dire, une considération d'ordre
militaire intervient encore ici (Cfr. Suét. *Coes* 25). Bien que souvent qualifiée de prov. (*id.* Aug. 37. Ulp. 15 ed. 1. 17. 1)
l'Egypte est un Etat annexé. Il en est de même pour certaines
régions des Alpes, où sont envoyés des chevaliers (Procurator et
Præses) : par ex. la Rhétie (Dessau, 1348-1364) ; le regnum Nori-
cum (Marquardt, II, p. 163) ; les Alpes-Marit. (Dessau, 1366-67) ;
les Alpes de Cottius (Suse ; Orelli 626 et Suét., *Nero* 18) ; les Alpes
Graies et Penn. (inscr. d'Aime en Tarant (CI. L. XII, 102, 103,
110, 112, 114, 5717. Cfr. *ibid.*, p. 148, n. 2). D'une façon générale on envoie des *procuratores* dans les régions d'imp. secon-
daire ; et d'ailleurs ils dépendent du *Leg. Aug.* de la province
voisine. Cfr. Hirschfeld, *Die Kaiserl. Vervaltungs beamt*, 2ᵉ éd.
1905, p. 343 s., not. p. 371).

(2) Cfr. Pline, *Pan.*, 34 : « ne *fundata legibus civitas* eversa
legibus videretur ». Aussi le Prince, le premier des citoyens,
sera-t-il soumis aux lois, sauf dérog. expresse. Toutefois cela n'a
guère de portée, le jour où il use du pouv. législ., à la différence
des autres mag., tels les consuls ; c'est ce que signifie *ibid.*
65 : « in rostris quoque simili religione ipse te legibus subjecisti
legibus. quas nemo principi scripsit ». En tant que Prince, il
peut évidemment « et mitigare leges et intendere » comme le
sénat même (Pline, IV, 9).

sénatorial prolonge la règle liant la qualité de membre du Sénat à la gestion d'une charge publique ; les besoins aristocratiques sont contentés, justifiés par l'hérédité, disciplinés aussi, encadrés, — utilisés (1). De la sorte, achève de s'incorporer à l'ordre présent ce Conseil de la République, qui a pour lui tout au moins comme le « mandat des siècles » (2), et les nations vaincues peuvent s'instruire de la pérennité de la Cité romaine (3).

Mais, peut-on dire, le peuple n'est-il point appelé à décider du choix du prince, du magistrat nécessaire et suffisant ? Non, certes, quant au fond : des comices réguliers cessent bien vite de s'assembler à cet effet, et du reste, pour la transmission d'un pouvoir si démesuré, la tradition était d'une utilisation plus délicate que pour la détermination théorique de ses éléments constitutifs. Un certain empirisme a subsisté toujours, d'où la violence n'est point exclue. Mais cette violence ne saurait atteindre le droit. Car dans la forme, oui, le peuple ne manque pas de ratifier ce qu'a fait le

(1) A dire vrai, si on ne parle plus de *constituere rem publicam*, on convoitera l'*imperium* constitué ; la plupart des prétendants à l'empire sont des gouvern. sénator. ayant des troupes, c'est-à-dire des légats. Cfr. Liebenam, *Die Legaten*, p. 440.

(2) Expression de Royer-Collard, au sujet du Parlement d'Angleterre (Arch. Parl. XLI, 193). Mais les méthodes anglaises ne sont point si différentes des romaines.

(3) Cfr. Disc. de Thraseas au Sénat dans Tac., *Ann.*, XV, 20 : « Adversus novam provincialium superbiam dignum fide constantiaque romana capiamus consilium... ». — Auguste, dans Suét., 40. — Pline, *Pan.*, 51 « populus victor gentium ».

Sénat et donc ce que l'armée a imposé à celui-ci (1).
Forme vide et pourtant juridiquement efficace ; les
juristes la recueillent avec soin, lorsque le prince vers
le milieu du second siècle (2), tandis qu'il n'est plus

(1) Pl., *Pan.*, 9-10.

(2) A ce moment, l'opinion est certes favorable à une intervention de plus en plus large du prince. L'idée de *l'unité* dans l'autorité est préconisée maintes fois. Cfr. Tac., *Orat.*, *in fine* 41.
« Quid enim opus est longis in *senatu* sententiis quum optimi
cito consentiant ? Quid multis apud *populum* concionibus, *quum
de republica non imperiti et multi deliberent sed sapientissimus
et unus ?...* ». Pline, II, 12 : « Numerantur enim sententiæ, non
ponderantur... *Cum sit impar prudentia, par omnium jus est* »
(au Sénat). V. aussi IV, 25 et III, 20. En même temps, la qualité
de *Pater Patriæ*, de *Publicus Parens* (Pline, *Pan.* 4. 6. 7. 10.
21. 42, etc. acceptée déjà par Aug.) prend tout son sens (*ibid.* 5.
8. 60. 67. 72). La *Res publica*, qui absorbe les individus, s'absorbe elle-même dans le prince (Cfr. 26-28 pour l'*Inst. Alim.*).
Au reste, c'est par César que la domination de Rome sur le
genus humanum s'établit, et cela même pour le bonheur des
vaincus (57-32). A tous ces points de vue, le prince se rapproche des dieux *parentes mundi* dont Nerva adoptant Traj. n'a été
que le *minister* (8, cfr. 80) à moins qu'il ne fut lui-même dieu,
dès son vivant : « ut quandoque inter posteros quareretur, *an illud
jam deus fecisset* » (10) et rapp. 14 : « necdum imperator, necdum dei filius eras ». Ici, la pensée romaine, en dépit de l'im-
pulsion donnée sur ce point par *Aug.* (Cfr. Mommsen, V, p. 13,
14) atteint son point extrême et vacille : « Ut ceterorum hominum ita principum, *illorum etiam qui dii sibi videntur*, ævum
omme et breve et fragile est » (78). Traj. n'était pas de ceux-là,
bien que Pl. l'appelât *Dominus* dans sa corresp. L'apport oriental au iiie siècle viendra affermir et concrétiser ces tendances
(v. *Pan.* 49 ce qui est dit de la *peregrina superstitio*). Se garder
d'ailleurs de présenter comme foncièrement rationnelle, *a fortiori*
comme rationaliste, la position des Romains, en face du problème de l'autorité (cfr. Fustel de Coul., *Inst. polit.*, 1, p. 92-96).

de *rogationes* au peuple, sort du domaine militaire où il se complaisait surtout (1) et aborde directement le domaine législatif (2). Plus que jamais, la notion de Loi est nécessaire, afin de pouvoir passer en toute sécurité aux cas équivalents à Loi, *ea quæ vicem legis obtinent.* Or, nul doute que, parmi eux, la constitution impériale ne soit le premier : n'est-ce point d'une Loi que le prince reçoit l'*imperium*, devient *imperator* (3) ?

(1) Pline, VI, 31 : « Cæsar et nomen centurionis et commemorationem disciplinæ militaris sententiæ adjecit, ne omnis ejus modi causas revocare ad se videretur » (Adult). Cfr. *Pan* , 18. Le même T. refuse de répondre aux *libelli* des particuliers (Cap. *Vit. Macr.*, 13).

(2) Aug. ne jugea point nécessaire d'assumer la *Cura Legum*. Mais il n'en a pas moins pris des mesures de portée lég. (Fidéic, Organ. du *jus. publ. resp.* ce qui inaugure encore une tradition, dont on peut considérer le Dig. comme le dernier écho).

(3) Gaius, I, 3. 5 : Constitutio principis est, quod imperator decreto vel edicto vel epistula constituit. Nec unquam dubitatum est, quin id legis vicem optineat, cum ipse *imperator* per legem *imperium* accipiat ». Ulp. 1. Inst. (1. 4), 1 pr. : « Cum lege regia... populus ei et in eum omne suum imperium et potestatem Conferat ». A la vérité, certains auteurs estiment ces textes interpolés : pour le second Pernice, *Z. S. St.*, t. 19, p. 298. Kniep veut pareillement que l'explication des Inst. soit « nach-gaianisch » (*Das Rechtsgelehrte Gaius*, p. 38), rappr. à cet égard De Visscher, *R. H. D.*, 1925, p. 213-218. V. encore Pomp. (1. 2), 2, § 12. Wlassak, *Krit. Studien*, p. 153 s. Du reste, aujourd'hui il se rencontre des auteurs pour enseigner que le fr. de Pompon. est un traité de rhétor. jur. préjustin. et que les *Inst.* de Gaius sont un témoin de l'état de la « röm. Rechtskultur » dans les cités italiennes aux ivᵉ-vᵉ siècles. V. Ebrard, *Z. S. St.*, 1925, p. 144. — Cf. le titre d'*imperator* donné à Hadrien, par le proconsul de Bétique qui le consulte : Coll. (3. 11), 1. De même, Fronton, *Epist. ad. Ant.*, 8. Rappr. Diocl., C. J., 8. 47 (48), 2 : « Adro-

Et l'*imperium* dont on parle désigne certainement la plénitude du pouvoir quand la Loi, « cette ordonnance ou établissement du peuple », s'est réduite en fait à des acclamations (1).

Ainsi tout le régime impérial se présente comme une application considérable et prolongée de l'art, familier aux Romains, d'utiliser pour des fins nouvelles, les traditions, les formes légales, les institutions en cours. A cette condition, le Romain ferme les yeux : il se sent prêt à accepter, — à réaliser peut-être selon sa position (2) —, la nouveauté qui, autrement, serait un crime (3). De bonne heure il est aisé de s'apercevoir que le prince « attire à lui le tout des lois et des

gatio etenim ex indulgentia principali facta perinde valeat apud prætorem vel præsidem intimata, *ac si per populum jure antiquo facta esset* ».

(1) Dans Pline, le terme d'*imperator* est encore plutôt rattaché à l'activité militaire (22 : cui principi cives, cui imperatori milites). *Imperium* désigne plus que jamais le pouvoir public exercé pour l'*utilitas communis* : *adsuescat imperator* cum imperio calculum ponere (20). D'où l'extension au pouvoir du Sénat (1. 66 : *commune imperium* du prince et du Sénat). C'est aussi l'empire romain au sens géographique (fines imperii, 54), celui dont le prince assume le gouvernement (suscipere imperium, 7) et qu'il reçoit des dieux (8, *horum illud imperium*).

(2) Cfr. l'attitude de Tib. Suét., 31. Tac. Ann., 1. 7 : « tamquam vetere republica et ambiguus imperandi » ; I, 72 : « an judicia majestatis redderentur, exercendas leges esse respondit » (prætori).

(3) « res novas moliri » (Cfr. p. ex. Suét. Aug., 66. Domit 15, où les « res novæ » pourraient bien consister dans la profession du Christianisme. Cfr. P. Allard, *Christ. et Emp. rom.*, 1908, p. 21-22.

magistratures » (1), cela même qui définit la cité libre. Mais qu'importe : on relèvera telle erreur, on s'indignera de tels excès individuels ; le Sénat ira jusqu'à prononcer la *damnatio memoriæ* et la *rescissio actorum*. D'empiètement véritable il n'en saurait être, quand c'est justement le *mobile* du régime de drainer vers le prince toutes les traditions de langage ou de forme par quoi la Cité a vécu et vit (2).

6. — Le résultat final ramène forcément la magistrature du peuple romain, ou plutôt la magistrature, — car, fait significatif, la première expression devient incertaine (3), — à n'être plus qu'une étiquette évoca-

(1) Tac., Ann., XI, 5 : « nam cuncta legum et magistratuum munia in se trahens princeps (Claude)... »

(2) Cfr. ce que dit Pline à Traj. (Pan. 24) : « regimur quidem a te et subjecti tibi, sed *quemadmodum legibus sumus. Nam et illæ cupiditates nostras libidinesque moderantur, nobiscum tamen et inter nos versantur*. Emines, excellis, *ut honor*, ut *potestas*, quæ *super homines quidem, hominum sunt tamen* ». C'est par là justement que le prince se distingue, ou devrait se distinguer, d'un roi. « Nonne ut regum ita Cæsarum munera inlitos cibis hamos... æmulabantur ? » (43). Cfr. 16 : « persuadendum provinciis erat illud iter Domitiani fuisse non principis » ; également 55. Tout le *Pan.* de Pline serait à citer, en particulier les passages relatifs aux consulats de Trajan., not. 59, 60, 62, 63 : « vidit te populus romanus in illa vetere potestatis suæ sede (les comices) » etc...

(3) Mommsen, *Dr. P.*, III, p. 278, n° 2, note que *mag. pop. rom.* chez les jurisc. récents désigne les magistrats de la capitale (Ulp., 42. 1. 15. Mod., 49. 3. 3) et en ce sens s'oppose à *Præses* (Ulp., 4. 2. 3 ; 11. 1. 4, § 1 ; aupar. Gaius, II. 24 et Suét Dom. 8, Aug. 89). Toutefois cette acception n'est pas la seule :

trice. Hors les privilèges honorifiques, tels les licteurs (1), le caractère politique s'évanouit : il reste
l'*officium*, l'activité exercée au nom de l'Etat dans tel
domaine déterminé, autrement dit la fonction administrative. De fait, à partir du milieu du IIe siècle,
toute une littérature se développe dont le but est
de décrire, de délimiter l'*officium* de chacun, spécialement des gouverneurs de province (2). Un trait
qui s'y relève à chaque pas est l'étroite subordination du magistrat au prince, laquelle se manifeste
non plus seulement par des Appels, qui du reste
se multiplient (3) mais par des lettres, des res-

Ulp., Reg., 1. 7 : « mag. pop. rom. veluti consulem prætorem
vel proconsulem » ; et aussi, croyons-nous, Gaius, I, 6. Mais
v. Ulp. (26. 5), 8 : « quamvis enim Prætor vel præses sit nec
furor ei magistratum abroget... »

(1) Les proconsuls ont 12 ou 6 licteurs suivant le caract. cons.
ou prét. de la prov. Le légat en a 5 (*quinquefascalis*).

(2) V. note sous le n° 15. Cfr. Cuq, *Cons. des Emp.*, 1884,
p. 455. Signalons au IIe siècle le *de officio præsidis* de Marcellus
(4. 4. 43, sauf confusion avec l'ouv. de Macer). Cfr. Kruger,
Sources, p. 256 ; le *de off. proconsul. lib. IV* de Venuleius. Au
IIIe, le *de off. proconsul lib. X* d'Ulp. sous Caracalla (Cfr.
Rudorff, *Abh. der Berl. Akad.*, 1865); celui de Paul en 2 liv.
(jur. civ. puis. crim.) ; le *de off. Præsid.* en 2 liv. de Macer,
sous Alex. Sév. Rappr. les *VI lib. opin.* et le *De Omn. trib.*
lib. X d'Ulp. ; les traités *de Appellat.* d'Ulp., Paul, Marcien,
Macer ; le *de off. Adsessorum* de Paul (non pas sans doute ceux
de Sab. et de Puteolanus dont le caractère doit être autre. Krüger, p. 202). Pour les ouvrages de l'ép. antérieure. Cfr. Mommsen, I, p. 2, en note.

(3) Cfr. au Dig., Marcel (35. 1), 48 (appel ex germania, fid.).
Scaev (4. 4), 39 pr. (sur i. i. r. prononcée par un Præses) (26.

crits (1) ou encore par des mandats. Car ceux-ci ne
s'adressent pas nécessairement à un *legatus pro prætore* ;

7), 57, § 1 (releg. par un præses). Paul (32), 97 (legs ; sent. du
gouv. sans doute), (36. 1), 74, § 1 (subst. fid.), (36. 1), 83 ou 81
(fid. ; sent. du procons. d'Achaïe), (34. 9), 5, § 12 (fx. test.), (48.
18), 20 (Procurator ; dépôt d'arg.). C. J. Sev. et Ant. (2. 44), 1.
V. Cuq, *conseil des Emp.*, p. 454.

(1) Cfr. Cuq, *op. cit.*, p. 337 s., 427-440-492 (sous Dioclét.).
Nous nous bornerons à en relever quelques-uns, adressés à des
gouv.

Hadrien : au légat de Cilicie (22. 5. 3. 1, preuve par tém.) ;
au proc. de Maced. (*id.*, § 3) ; au légat d'Aquit. (48. 3. 12, dis-
cipl. milit.) ; aux præsides Gall. (approvis. 39. 4. 4. 1) ; au
Proc. de Crète (proc. crim. 48. 16. 14) ; au légat de Belg. (Vat.
223, Excus. tut.) ; au proc. d'Achaïe (1. 16. 10, § 1 ; date du
départ du légat) ; au proc. de Bétique (Coll. 1. 11. 1). V. aussi
48. 3. 6 ; 48. 20. 6 et C. I. G. 3835, consult. du Proc. d'Asie
(Cfr. Chapot, Prov. Proc. d'Asie, p. 296).

Antonin : au Proc. d'Afrique (50. 6. 6. 1 munera) ; au légat
de Lyon (Coll., XV, 2. 4. peines) ; à un proconsul (ch. jugée,
42. 1. 31) ; à plusieurs præsides (Gaius, 1. 53 ; esclav.) ; au légat
de Numidie (37. 5. 7, success.). V. aussi 48. 2. 7 (for. delicti) ;
29. 2. 30 pr. où Mommsen lit proconsulem, et au Code J. (3. 31), 1
sur le Sc. Juv.

Marc-Aur. et Ver. : au Præses Bithyniæ (50. 2. 3 ; *ordo* muni-
cipa). V. aussi 50 ; 10. 6.

Sev. et Car. au Proc. d'Afrique (26. 10. 1. 4 et 1. 21. 4 légat) ;
au légat de Cilicie (50. 6. 2. 1 ; *ordo* mun.) ; au Præses d'Esp.
(48. 29), 7, § 10 ; à un proc. (1. 16. 4 pr. ; Adm.). Voir aussi
49. 16. 3. 3 ; 48. 19. 31 ; 47. 11. 4 (peines).

Caracalla : au præse Brittan. (28. 6. 2. 4, subst. pupill.).
V. aussi au C. (9. 9), 4. Alex. Sev. au Proc. de Narb. etc...
Rappr. Hadrien (ou Anton. ?) au concilium de Thessalie (5. 1.
37 ; 48. 6. 5. 1) et de Bétique (Coll. XI, 7) ; Anton. à celui de
Thrace (49. 1. 1) et d'Antioche (48. 3. 3) ; Alex. Sév. à celui de
Bithynie (49. 1), 25. Cfr. Pline, VII, 6. — Joindre les rescrits
relatifs aux Chrétiens.

les proconsuls en reçoivent eux-mêmes (1) : ces subordonnés, qui doivent assurer l'exécution des volontés du
prince dans leur province respective, sont bien au fond
des délégués. Ainsi le point sur lequel différaient seulement légat et proconsul tend à s'effacer. Aussi bien,
l'identité de l'*officium* fait que le plus souvent la teneur
de ces mandats sera indépendante de la personne ou
de la qualité du destinataire (2). L'empereur dira en
général : *is qui provinciae præest* (3) ; ou encore dès

(1) Cfr. Dion., LIII, 15. Pline, X, 110. 111 (111. 112). Venul,
De Off. Proconsul (48. 3), 10 et (48. 19), 15. Dans celui d'Ulp.
(1. 16), 6, § 1 : « ne donum vel munus ipse proconsul ... accipiat »
(47. 11), 6 (spécul. sur les blés) ; et Coll, XI, 7. 4 (peines).
V. encore Paul, 13, Sab. (1. 18), 3 (police). Mandats aux *Præsides* : Ulp. (50. 16), 131 (amendes). Call. (1. 18), 19 : « ne pr. in
ulteriorem familiaritatem provinciales admittant » (Cfr. Pline,
III, 9) ; au préfet d'Egypte : Ulp. (1. 17), 1 ; à un *corrector*
d'Italie : Arrien, Diss. III, 7 (Cfr. Marc, 47. 22. 1). V. Karlowa,
Ræm. Rechtsg., I, p. 575.

(2) Cfr. Cuq, *Conseil*, p. 460 ; Krüger, *Sources*, p. 134-142.
Call (48. 19), 27, § 1 et Marc. (48. 3), 6. 1 parlent de *capita manda-
torum*, ce qui suppose que ces règles avaient été en quelque sorte
codifiées. Il s'agit surtout de matières administratives ou criminelles. V. encore Call (48. 19), 35. Marc. (48. 13), 4, § 2 ; (34. 9),
2, § 1 ; (48. 17), 1, § 4. Paul (23. 2), 65 pr. et Gord. C. J. (5. 4),
6. Mod. (37. 14), 7, § 1.

(3) *Præ*, devant, entre en composition avec un grand nombre
de verbes afin d'exprimer la mise en tête. Ainsi *præesse. P. privatis*, dit-on en général (Pomp. 1. 2. 2. 6). Mais on aura aussi en
vue la compétence supérieure dans un domaine donné : « is qui
juredicundo *præest* », disent les lois municip. et des textes de
l'Emp. (Pius ap. C. 6. 54. 1. Ulp., 2. 1. 10) ; de même p. *ærario*
(lex Mal. 64. 65) ; metallis (l. Vip.) ; *publico judicio* (lex Corn
ap. 48. 8. 1) ; armato (Mac. 49. 16. 12. 1) ; tribunali (Ulp., 5.

l'époque de Trajan, il parlera du *Præses provinciæ* (1), expression qui, prenant ce qui est commun aux divers

1. 1). ... Pareillement provinciæ (Lex. Col. gen. jul. 127). Cic. Ad. Quint, 1, 1. 27 et passim. Vesp. au procur. de Corse Bruns, 80. Tac., Ann., VI, 29, etc... Pline, X, 77 : quibus proconsules præsunt; VI, 22 qui sunt provinciis præfuturi ; II, 11, etc. Hadr. *ap.* (39. 4), 4, etc. Marc., 48. 10. 1. 4 pour le pref. d'Eg. Toutefois *præesse* ne donne point de substantif. On use aussi de *præponere* (*præpositus*, à propos de tout gouv. p. ex. Tac., Agr. 9. 14); de *præire* (qui donna *prætor*) « te præeunte », dit Traj. à Pl., X, 101 (102); de *præficere*, d'où *præfectus* ; de *præsidere*, d'où *præses*. Cfr. Tac., *Ann.*, VI, 32 : « Cunctis ... Vitellium præfecit » et 41 « a Vitellio preside Syriæ ». Celui qui a une préséance quelconque est un *Præses* (pour un dieu, CIL, XII, 103 : daque Itala rura te colamus preside ; dans des jeux 33. 1. 6. Rappr. la presid. d'une quæstio, peut-être dans 48. 5. 18. 6, selon Perrot. *Appel dans l'ordo*, p. 56). Aussi bien la relation avec *sedes* se retrouve peut-être dans *consules* (Cfr. Bréal et Bailly, *Dict. étym. latin*, v° *Sedeo* ; toutefois v. Mommsen, III, p. 88, n. 1).

(1) Hirschfeld, *die Kaiserl. Werwaltungsbeamt*, 2ᵉ éd., p. 385. Le terme est cependant quelque peu équivoque. D'une part il spécifie, parmi les procurateurs équestres, ceux que le prince prépose à une prov. (*suprà*, p. 27, n. 1. Cfr. Tac., Ann., XII, 60). Puis, il a une portée générale. V. ce double sens dans *Sc. de S. ludor* de 176 (Bruns, 63) : « his qui provinciæ præsidebunt et legatis vel quæstoribus ... clarissimis viris ... is etiam qui procuratoribus qui provinciis præsidebunt ». Ce sens large est celui des auteurs litt. du IIᵉ siècle : ils emploient spécialement le terme *præses* dans des cas où se marque la subordination du gouv. envers le prince (Suét., Aug. 23. Tib. 32 et 41. Oth. 7. Dom 8 toutefois, Vesp. 6). Præses provinc. se trouve déjà dans Frontin ed. Lachm., II, p. 52 (Lusitanie). Quand T. parle du *Præses Mœsiæ*, il s'agit d'un *legatus Aug.* (X, 44 ou 53). V. encore Juv. Celsus (1. 18. 17), Hadr. (48. 3. 6. pr. ; 22. 5. 3. 3), Ant. (50. 10. 5), etc. Le « in provinciis præsides » si fréquent aux *inst.* de Gaius, donne au mot *præses* un sens aussi large que l'est celui du mot *pro-*

gouverneurs, est commode pour les désigner tous. *Praesse, Praesidere provinciæ* : tel est effectivement l'*officium* propre du gouverneur, lequel aujourd'hui comme autrefois équivaut à la totalité de ceux qu'assument les divers magistrats de Rome (1).

Et donc le gouverneur préside à la *jurisdictio* « *Praeest jurisdictioni* ». Il fait dans sa province ce que font à Rome les deux prêteurs urbain et pérégrin. Mais comment l'entendre ? Se borne-t-il encore à veiller

vincia lui-même (noter I, 100-105). ... M. Kniep, *Das Rechtsgel Gaius*, p. 281, voit même là un provincialisme de Gaius, qui aurait influencé les auteurs postérieurs. Dans l'*Ad. Ed. Prov.* *præses* se trouve seulement deux fois (27. 10. 5 ; 26. 5. 5). Mais l'interversion avec proconsul se produit à chaque instant dans le *De Off. Proc.* d'Ulp. qui fait état aussi des rescrits aux *legati.* V. d'ailleurs Coll. (3. 3), 1 ; 1. 16. 9, § 6 (1 ou 2 O. P.) : extension de règles à *omnes præsides,* ce qui peut être une glose (*is* qui prov. præest du § 5). Cependant telle règle concerne forcément le seul procons. (1. 16. 10 au liv. 10). De là la distinction *proconsul et præses* (Ulp. 26. 5. 1. pr. Paul Sent. 1a, 24 ; 1, 6a, 4 mais rappr. 5. 3 O b. 1) où *præses* semble désigner plutôt le *legatus.* De fait dans des Inscr. on trouve alors : « legato pr. pr. præsidi prov. » (CILVIII, 2750. Cfr. III, 90 et Dessau, 1162, 1165, 2939). Mais bientôt va commencer l'intrusion des chevaliers dans le gouv. des prov. legat. Ainsi s'explique la définition de Macer, sous Alex. Sév. ; le terme de *Præses* englobe tous les gouvern. *licet senatores sint* ; ce qui n'est point du tout une int., comme on le crut un temps, mais un rappel fort utile pour l'interprétation des textes (1 Off. Præs. 1. 16. 1. Cfr. Kniep., p. 280). Le langage courant (Lamp. A. Sev. 24 et 46) tendait à réserver *præses* au seul gouv. équestre.

(1) Proculus 4 Epist. (1. 18), 12 : « Sed licet is qui prov. præest omnium Romæ magistratuum vice et officio fungi debeat ... »

qu'il y ait un juge et un jugement, lui-même ni ne jugeant, ni ne recourant au besoin à la *coercitio*, afin que force reste à la justice ? Une telle attitude semble détonner pour ainsi dire, de la part de ce gouverneur dont nous voyons l'appel faire un subordonné, et le pouvoir législatif du prince un agent d'exécution ; quand ce *jus dicens* est en outre un administrateur et donc, dans la mesure où il administre, un juge (1). On pressent pour la *jurisdictio* du magistrat provincial, qui porte d'une façon toute spéciale l'empreinte de l'âge antérieur, une évolution modelée sur celle que connaît la magistrature même. L'objet de la présente étude serait d'en retracer, après bien d'autres, les grandes lignes. Nous prendrons successivement les divers droits dont use tout titulaire de la *jurisdictio* : concours à la *legis Actio* ; *jus edicendi* ; surtout *jus dandi judicem*. Nous suivrons ensuite l'activité du gouverneur sur des terrains, où dès l'abord et de par la loi elle revêt un aspect purement administratif, qui, en fin de période et même dès le milieu du IIe siècle, se communiquera à l'ensemble. Toutefois, sans doute est-il nécessaire, avant tout, de dire un mot du milieu où le gouverneur exerce cette *jurisdictio*, de préciser qui est justiciable du gouverneur.

(1) « *Is qui provinc. regit* » ; *rector provinciæ* (rappr. *rex*) ; *provincias regentes* (Macer, 1. 18. 1 et 16) : termes souvent employés pour désigner le gouv. surtout à partir de la 2e moitié du IIe siècle (p. ex. Sc. *de Sumpt. lud.*).

CHAPITRE PREMIER

LES JUSTICIABLES DU GOUVERNEUR

7. — Assurément la notion de province géographique fournit un élément essentiel de la réponse. *Is qui provinciae praeest* : placé à la tête d'une province, d'un territoire aux limites déterminées, le Gouverneur aura compétence dans ces mêmes limites.

A lui, dans ce territoire, de représenter Rome, de faire régner au nom de Rome l'ordre et la sécurité (1). Qui trouble cet ordre, qui porte atteinte à cette sécurité peut et doit être frappé par le Gouverneur du lieu (1). Cette considération, seule retenue en matière de police et généralement d'administration (2), domine aussi le domaine pénal, qui leur est connexe (3). Elle

(1) Ulp. 7 Off. Proc. (1. 18), 13. Paul, 13, Sab. *eod. tit.* 3.

(2) Au point de vue de l'administration milit. Cfr. Pap. 19, Resp. (49. 17), 16, § 1. Règles relatives aux fonctionn. en prov. : prohib. de mar. avec la f. origin. ou domicil. Pap. (23. 2), 63. Ulp. (24, 1), 3, § 1. Paul, Sent. 2. 19. 10. Marc. (23. 2), 57 et (34. 9), 2, § 1 ; rapp. Paul Sent (5-12), 5. Macer, 1, Off. Pr. (1. 22), 3 ; prohib. d'acq. des fonds : Mod. (18. 1), 62 pr. Hermog. (49-14), 46, § 2, *gnom.* de l'*Idiol.* (Cfr. Reinach, R. H. D., 1920, p. 98).

(3) Ulp. 2 de Adult. (48. 5), 16 ou 15, § 4. Mod. 4, Poen (49. 16), 3. Macer, 2, Off. Pr. (48. 3), 7. V. encore Mod. 3, Poen (48. 1),

détermine la portée des mesures prises, des sentences rendues. Ainsi le Gouverneur interdit à un coupable l'accès de sa province, de ce territoire qui est *sub se* (1). Il relègue dans une île, s'il en est une dans sa province. Il ne saurait faire davantage, à moins d'en écrire à l'*imperator* (2). Dans le domaine civil, le seul envisagé ici, ce même principe commande diverses règles : par exemple, le *Præses* interdit à quelqu'un de *postulare pro alio* ; *alius*, qu'est-ce à dire ? Non pas *omnes*, explique Papinien : la défense vaut seulement pour la province du *Præses*, auteur de l'interdit (3). Ou bien encore, un défendeur ne peut trouver de cautions dans le lieu où il plaide : on l'admet à la fournir *in alia ejusdem provinciæ civitate* (4). De même un *procurator* ne représente l'absent que devant les divers tribunaux

12. Toutefois, quelque tendance à faire une place à l'origo. Cels. 37. Dig. (48. 3), 11. Cfr. Mommsen. Dr. Pén., II, p. 23. Au dom. Diocl. C. J. (3. 15), 2.

(1) Ulp. 10, Off. Proc. (48. 22), 7, § 6-10. Toutefois depuis Claude, l'interd. s'étend à l'Italie (Suét., Cl. 23. Cfr. Gaius, 17. Ed. Pr. (28. 1), 8, § 3. Coll. 1, 11, § 2) et depuis Sév. et Ant. à la prov. d'orig. Mais nous hésitons à attribuer à Ulp. les §§ 11 à 13.

(2) Ulp., *ibid.*, § 1. D'où l'intérêt de Ulp. 9, Ed. (5. 1), 9. Rappr. Sév. et Ant. ap. Mod. (48. 19), 31, § 1. Sur tout ce sujet, Mommsen, *Dr. Pén.*, II, p. 318.

(3) Pap. 1, Resp. (3. 1), 9 : « in alia vero non prohibetur, licet ejusdem nominis sit ». Rappr. Ulp. 10, O. P. (48. 19), 9, § 2 (le § 3 suspect). En mat. pén. au contraire les provinces divisées n'en font qu'une au point de vue de l'inter. (Ulp. 48. 22. 7. 14. Pour la Dacie, cfr. du reste Marq. II, p. 193). Au Bas-Emp. C. th. (9. 40), 12.

(4) Ulp. 14 Ed. (2. 8), 7, § 1.

d'une même province (1). Aussi bien, comme on avait fait pour le terme province, il arrive que l'on donne au terme *jurisdictio* un sens géographique, celui de district judiciaire (2). Il pourra s'agir, soit de toute la province, soit de subdivisions dans celle-ci. C'est que l'exercice même de la *Jurisdictio* par le Gouverneur requiert des tournées périodiques, indépendantes de celles qui répondent aux besoins purement administratifs (3). Le Gouverneur a coutume de s'arrêter dans chaque ville importante, d'y tenir des assises (4) où se présentent les plaideurs tant de la ville que de la région voisine *(conventus)*.

Il semble naturel en revanche que, passées les limites de la province, l'autorité du Gouverneur cesse : le *praeses*, constate Paul, a *l'imperium dum in provincia est, nam si excesserit privatus est* (5). Une nuance est pourtant nécessaire. C'est ici un de ces cas où *praeses* ne peut que viser tous Gouverneurs autres que les

(1) Ulp. 9. Ed. (3. 3), 35, § 2 ; texte d'ailleurs douteux *(competens tribunale)*.

(2) Paul, 41, Sab. (5. 1), 58 : « qui majus imperium in eodem jurisdictione habet ». Pline l'ancien, H. N. V. 25, jurisdictio asiatica ; 29, mediterraneas jurisdictiones ; 30, Sardinia jurisdictio ; 33, Pergamena jurisd., etc. Rappr. Tac., Ann., I, 80.

(3) Cfr. p. ex. Pline, X, 67 (15).

(4) Cfr. dans le *de Off. proc. d'Ulp.* livres II et V. Girard, Les Assises de Cic. en Cilicie (Mel. Boissier, 1903). Pline, X, 58 (66) ; 81 (85). Sur les *conventus*, Humbert, *Dict.* ; Girard, *Gr. Encycl.* ; Kornemann, Pauly, Wiss. ; Mitteis, *Reichsrecht*, p. 143 ; Chapot, *Prov. proc. d'Asie*, p. 351-57 ; Carcopino, *Loi de Hiéron*, p. 156 ; les affaires criminelles y échappent, p. 169.

(5) Paul, 13, Sab. (1. 18), 3.

Proconsuls (*suprà*, p. 36, n. 1). Lorsque le prince, proconsul dans « ses provinces » délègue pour l'une d'entre elles l'*imperium* du magistrat provincial au Légat, il est bien clair que cette concession est en rapport étroit avec le territoire envisagé. Mais, quant au proconsul, comment, magistrat *jure suo*, pourrait-il perdre cette qualité, devenir un *privatus*, dès lors qu'il franchit une limite provinciale ? C'est de franchir l'enceinte de Rome, le *pomerium*, qu'une influence peut et doit résulter. De fait aussitôt sorti de Rome, *statim atque Urbem egressus est*, il revêt les insignes de sa charge (1) ; pareillement il les dépose, et avec eux l'imperium, *portam Romae ingressus* (2). Question d'étiquette, dont on fera découler certaines conséquences pratiques (*infrà*, nº 10). Néanmoins au Proconsul comme au Légat, une province est attribuée (*decreta*) ; c'est seulement dans cette province qu'il exercera réellement sa *Potestas* (3).

8. — L'observation qui précède est propre à nous rappeler que, sous le Haut-Empire encore, les problèmes provinciaux sont de nature politique, autant qu'administrative. Que représente exactement la pro-

---

(1) Ulp., I, Disp. (1. 16), 1. Cfr. Dion., LIII, 13 et 32.

(2) Ulp., 2 Ed. (1. 16), 16. Sulla l'avait expressément marqué. Cic., *Ad. fam.*, I, 9, § 25.

(3) Ulp., I, Disp. (1. 16), 1. « Potestatem autem non exercet nisi in ea provincia quæ ei decreta est ». S'il est nécessaire, il déléguera sa juridiction au Légat en cours de route (Pap., *eod.*, 5 ; Ulp., *eod.* 4, § 6, est à la vérité contraire, mais le texte a dû être retouché. Beseler, *Beiträge*, III, p. 25.

vince ? Une conquête. Province et *respublica,* ou cité autonome, s'excluent. Il est pourtant, en dépit de l'extension de *l'orbis romanus,* des cités juridiquement autonomes. Non pas que Rome les ignore : les ignorer, ce serait voir en elles des ennemies. Mais un acte est intervenu, qui les a placées dans « l'amitié du peuple romain ». Acte synallagmatique de Cité à Cité, dans l'hypothèse la plus favorable ; ou seulement unilatéral de la part de Rome, révocable au gré de celle-ci. Acte en tout cas de politique étrangère, garantissant l'existence à la cité, et donc la mettant hors la province, hors l'emprise du magistrat romain (1). Etre autonome, c'est jouir de ses lois, de sa juridiction. La cité libre conserve lois et tribunaux (2). Souveraine au point d'être parfois compétente vis-à-vis de quiconque franchit ses murs, serait-ce un citoyen romain (3).

Cependant, comment la justice locale n'aurait-elle pas ressenti le voisinage d'une juridiction aussi active et régulière que celle du Gouverneur? Le fait que

----

(1) Suét., Caes. 25 : « Omnem Galliam, præter socias ac bene meritas civitates in provinciæ formam redegit eique... stipendii nomine imposuit ». A l'origine le *postliminium* joue en face de cités libres. Mitteis, *Reichsrecht*, p. 114. De même le jus exilii. Marquardt, *Org.*, I, p. 107.

(2) Cfr. p. ex. S. C. de Asclépiade (676). Lex Anto. de Term. (Girard, p. 69) en 683. Gaius, 1. 52 « leges moresque peregrinorum » etc. *Fragm. Dosith.*, 12. De là, une quest. de dr. int. privé. Cfr. Chénon, *la loi pérégrine à Rome*, 1891. Mitteis, *Reichsrecht*, p. 122 ; Cuq, *Man.*, p. 57.

(3) Sc. en faveur de Chios en 80 av. J.-C. Chapot, *op. cit.*, p. 125.

diverses villes s'honoraient, bien que libres, d'être chef-lieu du *conventus* romain en est un signe frappant (1). Une décadence lente de ces justices peut s'observer au cours de l'Empire : il arrive que, d'elles-mêmes, les parties portent leur différend devant le Gouverneur ; ou encore elles font appel soit à celui-ci, soit à l'empereur, de la sentence qu'a portée le juge de leur cité (2). En même temps, la détresse financière fournit le motif d'une intervention directe ; ainsi en sera-t-il, au Moyen-Age, des Communes en face du pouvoir royal. Fait significatif, le Gouverneur voisin n'est pourtant point saisi de plein droit; le prince envoie d'ordinaire *un legatus ad corrigendum statum liberarum civitatium* (3). Ainsi vont s'éteignant les dernières Cités au sens politique de ce terme (4) : à leur

----

(1) Le cas d'Alabanda en Asie est bien connu (Chapot, p. 351). De même en Afrique, au moins un temps, Utique, Hadrumète, Thapsus (Marquardt, II, p. 469).

(2) Sur ce point Mitteis, *Reichsrecht*, p. 88. Les textes visent surtout la jur. pén. Mommsen, *Dr. pén.*, I, p. 279.

(3) Pline, VIII, 24. « Cogita te missum in provinciam Achaiam... ad ordin. statum lib civit... Habe ante oculos... Athenas esse quas adeas... Lacedæmonem esse quam regas, quibus reliquam umbram et residuum libertatis eripere durum est. Te... meminisse oportet officii tui titulum ac tibi ipsum i terpretari quale sit ordinare stat. lib. civ. Onerat te hæc ipsa legatio... Ne in longinqua provincia quam suburbana, ne inter servientes quam liberos, ne *sorte* quam *judicio* missus... » Marq., II, 224.

(4) Cfr. Pline à T., X, 92 (93). « Amisenorum civitas libera et fœderata... beneficio indulgentiæ tuæ legibus suis utuntur ». T. a soin de répondre : « Quibus de *Officio federis* utuntur ». Mais

tour, elles se rangent *sub imperio populi romani* (1) ; elles finiront par se fondre dans la « province ».

On pénètre en province, dès lors qu'on met le pied sur un sol assujetti au tribut (2). C'est le signe que de ce sol, qui appartint autrefois à une Cité autonome réfractaire au joug de Rome, Rome victorieuse fait sa propriété. Entendons que, sous l'Empire, le titulaire du *dominium* est soit le peuple, soit César, selon la qualité de la province (3). Mais la Cité elle-même ?

sa législ. s'applique vis-à-vis de ces cités, X, 110 : « Ecdicus Amisenorum civitatis petebat apud me... utebaturque *mandatis tuis* » ; sur le sens d'Ecdicus, rapp. Cic., *ad fam.*, XIII, 56. 1.

(1) Cfr. Paul, De Sc. (36. 1), 27 ou 26. Ulp., Reg., XXIV, 28. Rapp. Gaius, 1. 53.

(2) Cfr. Marquardt, I, p. 113, pour le cas spécial de *liberæ civit.* payant tribut (en Gaule, not. v. Chénon, *Hist. Gén.*, 1926, I, p. 25). Civ., *In Verr. sec.*, III, 6. « vectigal, quasi victoriæ præmium ac pœna belli ».

(3) Attribuer à César même le *dom.* des P. I. ne semble pas encore l'idée dominante au premier siècle. Frontin, II, p. 53, se borne à noter que César « in provincia non exiguum possidet ». Mais la conduite du prince, souvent identique pour sa *domus* et « ses » provinces (Suét. Aug., 66; rapp. Tac., Ann., XIII, 4); plus encore le fait que d'assez bonne heure (Cfr. Cuq, *C. R. Ac. Inscr.*, 1916, p. 261) les revenus de ces provinces tombent dans le fisc ainsi que ceux du *patrimonium* devaient conduire à ce résultat. A cet égard, les P. I. se rapprochent assurément de l'Egypte (Cfr. Tac., *Hist.*, I, 11) et des prov. procur. (inscr. d'Aime, CIL, XII, 103 : « dum jùs guberno remque fungor Cæsarum). La perception était assurée ici et là par le Procur. Mais quelle que soit la nature exacte du *fiscus* (Mommsen, V, 291. Hirschfeld, 27) tous ces revenus n'étaient point soustraits aux besoins de l'Etat. Cfr. Pline, Pan., 50 : « Multa ex patrimonio refert in imperium ». Gaius, II, 7.

Elle se trouve à la discrétion du vainqueur qui parfois n'hésitera point à aller jusqu'au bout : il ôtera à la Cité toute existence tant matérielle que juridique. Dès lors, s'ouvre pour l'habitant une condition dont Ulpien donne un aperçu suffisant : en ce qui le concerne, nulle loi romaine applicable; il n'est pas citoyen romain, il est étranger, pérégrin ; — nulle loi pérégrine : n'étant le citoyen d'aucune cité juridiquement existante, il n'y a point de lóis dont il puisse dire que ce sont les lois de sa Cité. Point de droit civil donc, le seul droit des gens. Fait inouï, cet homme n'a pour lui que sa qualité d'homme : c'est une unité dans une foule, *is qui dediticiorum numero est* (1).

Voilà certes une condition franche. Trop assurément pour que Rome ait pu, ait désiré l'appliquer dans sa rigueur. Le plus souvent, non seulement l'habitant n'est point « déraciné » : il conserve au moins la *jouissance* de son sol (2); mais il n'est même point pour ainsi dire « décivilisé ». Alors s'inaugure cette

(1) Ulp., Reg., XX, 14. « Is autem qui dediciorum numero est, quoniam nec quasi civis romanus testari potest, cum sit pereginus, nec quasi pereginus, quoniam nullus certæ civitatis civis est, ut secundum leges civitatis suæ testetur... ». A la vérité, pendant longtemps, d'un tel vaincu on faisait un esclave. Rappr. le cas de l'affranchi dit *déditice,* car il ne se rattache lui aussi à aucune cité (Gaius, I, 27).

(2) Cpr. Décret du Procons. d'Esp. Ult. (Paul Em.) en 565-189 : « item possidere habere que jousit, dum poplus senatus que romanus vellet ». Bruns, I, p. 240, n° 70. Cic., *In verr. sec.*, III, 6. « Perpaucæ Siciliæ civitates sunt bello a majoribus nostris subactæ quarum ager cum esset publicus populi romani factus, tamen illis est redditus.

seconde fonction de la Cité dans le monde antique : la fonction administrative. Rome se sert de la Cité comme un moyen de gouvernement. Et d'abord elle utilise les cités déjà existantes.

Ce but même indique que désormais, si la Cité continue de vivre, c'est sous le contrôle direct du magistrat romain. Du reste, la soumission a été faite au chef militaire ; *in meam populique romani ditionem*, dit la formule de la reddition (1). Or, au chef militaire succède normalement le Gouverneur de la province. La conséquence est que le statut des villes pourra varier avec chaque province, varier pour chaque province avec ses gouverneurs successifs. Précisément, un des buts de l'Edit que rend le Gouverneur, prenant possession de sa charge, est de fixer le statut des villes ou tout au moins leurs rapports financiers avec les chevaliers romains fermiers de l'impôt (publicains) : *edictum provinciale* par excellence (2). Cicéron, par exemple, nous apprend que, proconsul d'Asie, il s'est plu à suivre sur ce point *l'edictum asiaticum* de Q. Mucius Scaevola, qui fut en effet proconsul d'Asie. « Il est accordé aux Grecs de plaider selon leurs lois ; et ceux-ci, de s'imaginer aussitôt qu'ils jouissent de la liberté... Ils exultent car ils recourent à leurs juges

(1) Tit. Liv., I, 38.
(2) Cic., *ad. Att.*, VI, 1. 15 : « Breve autem edictum est... qued duobus generibus edicendum putavi ; quorum unum est provinciale, inquo est de rationibus civitatum, de ære alieno, de usura, de syngraphis, in eadem omnia de publicanis » et VI, 2. 4 « ita multæ civitates omni ære alieno liberatæ multæ valde levatæ sunt : omnes suis legibus et judiciis usæ, αυτονομιαν adeptæ,

pérégrins. Plaisants juges... » (1). Ils s'imaginent être autonomes, car l'autonomie n'est rien d'autre que l'usage des lois de la cité ; ce ne peut être qu'imagination, car demain on pourra leur retirer ce qui leur est accordé aujourd'hui. Du reste, en présence d'un citoyen romain, il est à croire que seul le Gouverneur était apte à connaître de l'affaire (2). — Œuvre de chaque Gouverneur, le statut urbain risquait de présenter une assez fâcheuse instabilité. L'intervention du Sénat (3) aboutissant à la dation d'une *lex provinciæ*, y remédia souvent (*suprà*, n° 3 ; *infrà*, n° 16). Et sous l'Empire, l'action du prince s'y viendra joindre, dès l'origine : l'édit de l'empereur conserve sa vertu sous les différents Gouverneurs (4).

revixerunt ». On voit que l'Edit faisait expressément sa part au droit local (cf. Chénon, *op. cit.*, n° 3).

(1) Cic., *ibid.*, VI, 1. 15 : «... ex. Mucii, p. f. edicto Asiatico... multaque sum secutus Scævolæ in iis illud, in quo sibi libertatem censent Græci datam, ut Græci inter se disceptent suis legibus... Græci vero exsultant quod peregrinibus judicibus utuntur ». Pour l'Asie on ne peut guère citer que le S. C. de Asclep (Brun, I, p. 176, n° 41) v. Chapot, *op. cit.*, p. 124. Cf. G. Lepointe, *Q. Muc. Scævola*, 1926, I, p. 23 et s.

(2) Cfr. sur tout ce sujet. Mitteis, *Reichsrecht*, p. 92.

(3) Cette activité jud., dans le cas not. de la Sicile, doit-elle être considérée comme une délég. de la Jur. du Gouv. (Mitteis), ou comme un restant de souveraineté accordé par le Sénat (Partsch, *Schriftformel*, p. 78) ? On peut dire à tout le moins que la seconde interprétation paraît celle de Cicéron. Cfr. *infrà*, n° 16 en note.

(4) En Bithynie s'observe la lex Pomp. Pline, X, 79-80 (83-84), 112 (113), 114 (115) ; — un Edit d'Auguste, qui déroge à cette loi, X, 79 (83) ; Cfr. 84 (88) ; — des mesures émanant de Proc. dont la portée est égale à la loi : 108 (109), 112 (113).

Mais il n'est pas que des cités sujettes. Sur le sol *provincial* (1) s'élèvent des cités, de qualités diverses à la vérité, mais dont on peut dire que toutes sont comme des « reproductions en petit » de la Cité de Rome (2). D'une part, les habitants sont tous titulaires du droit de cité romaine, ou du moins de la réduction qu'en est le *jus Latii* (3). D'autre part, le « municipe » (4), dont la constitution est calquée sur celle de Rome, ne peut être tel qu'en vertu d'un acte soit du peuple romain, soit d'un magistrat, le prince sous l'Empire (5) : c'est là la *lex municipii* (6) par où notam-

Quant à T., selon sa méthode ordinaire il se refuse, en dépit des instances de Pline, à prendre un décret « in perpetuum mansurum » ; il veille à l'observation de la lex Pomp ; 115 (116). Cfr. *infrà*, n° 29 en note. Rapp. la lex Bithynorum ap. Gaius, I, 193. Cic. mentionne (Verr., II, III, 6) la *lex Sempronia*, pour l'Asie.

(1) Sauf concession du *jus italicum*. Cfr. Gaius (50-15), 7.

(2) « Quasi effigies parva simulacra que quædam ». Gell., XVI, 13. A la vérité celui-ci, ayant en vue l'Italie, qualifie seulement ainsi les Colon. qu'il oppose aux Mun. Mais l'expression, d'un point de vue général, peut convenir à toutes ces cités de type romain.

(3) Cfr. Gaius d'Autun, 1. 6 : « jus Latii dicebatur cum enim ex Latio origo civium romanorum ducitur ».

(4) Quelle que soit la portée primitive de ce terme (Willems, *Dr. Publ.*, p. 357, n° 1), son acception est très générale sous l'Empire (*Ibid.*, p. 376, 399, 511. Marq., I, p. 175).

(5) V. l'importance des Colonies militaires fondées sous l'Empire, dans Marq., I, p. 156 s. Concession du *Jus Latii* à toutes les cités de l'Esp. par Vesp., etc. Cfr. Gaius, I, 95 ; III, 56. Aussi bien, sous la Rép., le général ne pouvait, de par son *imp.*, conférer la cité : cette faculté devait lui avoir été reconnue par une loi. Cfr. Momms., VI, 1, p. 151 ; Duquesne, *N. R. H.*, 1910, p. 709.

(6) Nombreuses mentions au Dig. Scæv. (50. 9), 6 ; Paul

ment est fixée l'étendue de la juridiction reconnue aux *II viri jure dicundo,* aux magistrats supérieurs de la Cité. Il est clair que, sauf privilège contraire (1), ces cités d'empreinte romaine (2) ne sauraient échapper en tout à l'action du magistrat romain. La règle est qu'au-dessus d'un certain taux la juridiction municipale n'a plus compétence (3); que, pour certaines affaires, elle n'a jamais compétence (4).

(50. 1), 21, § 7 ; Ulp. (9. 2), 29, § 7 ; (47. 12), 3, § 5 ; (50. 1), 25 ; (43. 24), 3, § 4 ; (50. 3), 1 ; (50. 9), 3. Call. (50. 6), 6, § 1. C. J. Gord. (7. 9), 1. Cfr. Ulp. (50. 4), 3, § 1 : leges patriæ suæ. Il ne semble pas qu'il y ait jamais eu de *lex municip.* générale ; cfr. Girard, Textes, p. 80.

(1) Cfr. Pline, X, 47 (56) relat. à la Colon. d'Apamée « num quam tamen esse lectas (rationes) ab ullo proconsulum, habuisse privilegium et vetustissimum morem arbitrio suo rempubl. administrare ». Mais Pl. agira, dit Traj. *ex mea voluntate.*

(2) On considère d'ordinaire cette jurid. loc. comme ne remontant pas au delà de la guerre Sociale; elle se serait substituée alors à celle exercée par les Préfets au nom du Préteur (Cfr. Cuq., Dict., v° *Jurisdictio mandata*).

(3) V. Karlowa, *Ræm. Rechtsgesch.,* I, p. 592; Mommsen, *Stadtr. von Salp. et Mal.* ; Liebenam, *Städte verwalt. in ræm. Kais.,* 1900, p. 484. La lex Rubr., c. 21-22, fixe un taux max. de 15.000 sesterces. Mais elle parle ausi d'une Comp. *de qua re omni pecunia.* V. aussi lex Malac., 69. On sait d'ailleurs que l'Edit perpét. prévoyait une act. pénale contre celui qui refusait d'obéir au mag. mun. *jus dicens* ; Lenel, *Das Ed. perp.,* p. 51. Rappr. en mat. admin. C. I. 4, II, 2959 ; lettre du Gouv. de Tanag. aux duovirs de Pampelune : « jus magistratus vestri exsequi adversus contumaces potestis » (Cfr. Arnold, *The rom. syst.,* p. 255).

(4) Le fr. d'Este qui permet, selon le principe ord. (Paul, 50. 1. 28) de proroger la comp. locale fixe cependant pour les actions infamantes un **taux max.** de 10.000 sest. Voir aussi

9. — Les indications précédentes répondent au point de vue *ratione materiae*. En tant que chacun apparaît justiciable de sa cité, elles résolvent aussi la *compétence ratione personae*. Mais n'y a-t-il rien de plus à dire, sous ce dernier rapport ? Et la *Ratio personae* se ramène-t-elle toujours à la *Ratio civitatis*?

La condition du citoyen romain est particulièrement complexe. Il se trouve dépendre (Cicéron le remarquait déjà) (1) d'abord de Rome sa patrie, la « patrie commune » de tous les citoyens romains (2), celle dont le prince est le père (3), puis de son municipe qui lui est aussi une patrie (4), qui au sens propre du mot l'est même davantage. Car, de son père, chacun reçoit, avec le jour, une patrie propre, une patrie d'origine (5).

infrà, nᵒˢ 14 et 27 en note. Aj. qu'en mat. grac. il faut toujours recourir au gouv. sauf toutefois dans les cités latines, dont les mag. ont la *legis actio* (Lex Salp. 28 où le consilium de la *lex æt Sent.* est formé par les décur. Paul Sent., 2. 25. 4. Cfr. Marquardt, I, p. 215. Il faut toutefois tenir compte des recens. quinq. effectués par les duo viri et qui devaient permettre une *manum. censu* ; fragm. Dosith. 17 *in f.*). En mat. pén. le gouverneur est en fait seul compétent.

(1) Cic., de Leg., II. 2, cité par Cuq, Dict., vᵒ *Origo*. Rappr. Edit de Cl. sur les Anauni (Girard, Text., p. 189) « et si animadverto non nimium firmam id genus hominum habere civitatis romanæ originem ».

(2) Paul (50. 5), 9. Mod. (27.1), 6, § 11 : dist. de la *Comm.* et de la *propria patria* (50. 1), 33. Paul (40. 2), 22.

(3) Call. (48. 22), 19. Cfr. Ulp., 18, O. P. *eod.*, 7, § 15.

(4) Cfr. Pline, IV, 28. Paul Sent., 1 à 6 : « ad originalem patriam ».

(5) Ulp., 2 op. (50. 1), 6, § 1 : « filius civitatem ex qua pater ejus originalem ducit non domicilium sequitur ». Cas except. où l'on s'attache à la *materna origo*. Ulp. 2 Ed., *eod.*, 1, § 2.

Le fils, qui n'a rien en naissant, ne peut qu'appartenir à la cité de son père, entendons la cité où naquit lui-même son père. C'est là un fait naturel, supérieur à la volonté de l'homme, celle du père comme celle du fils (1). Fait naturel auquel il est d'ailleurs des équivalents, dans certaines hypothèses (2). — Cependant l'homme a la liberté d'aller et de venir (3) : il peut quitter cette cité à laquelle le rattache la nature, se fixer ailleurs (*se instruere, collocare*) ou tout au moins, lorsque par exemple il se livre au commerce ou à la

(1) Ulp., 2, op. (50. 1), 6 « adsumptio originis quæ non est veritatem naturæ non peremit... ». Gaius p. ex. exprime souvent l'idée que la loi même est impuissante à modifier la nature : 7. E. P. (7. 5), 2. 1 ; 4. E. P. (4. 5), 8, à rapp. d'Inst. 1. 158 ; 6. E. P. (5. 3), 21. Cfr. Cuq, Man., p. 13. Kniep, *das R. g. Gaius*, p. 70. Apport grec assurément : le Romain, que satisfait la fiction, ne se pose pas de lui-même pareilles questions ; peut-être aussi, les trouvant posées, est-il enclin davantage à leur ménager un certain effet pratique.

(2) Ulp., 2 Ed. (50. 1), 1 pr. De là possibilité de pluralité d'origines. Pour les affranchis : Ulp., *eod.*, 7 ; (50.4), 3, § 8 ; Call. (50.1), 37, § 1. Pour les *liberti* et leurs enfants : Ulp. (50. 1), 6, § 3. Paul Sent., 1 a 2 qui joint à l'origo le dom. L'affranchi par fideic. prend l'or. du manum. Pap. (50. 1), 17, § 8 ; v. Cuq, *Man.*, p. 96, n° 5. Pr. l'aff. latin Vat. 221. Pour l'adopté : Pap. (50. 1), 15, § 3 et 17, § 9. Quant à la f. mariée, elle prend le dom. du mari (Paul Sent., 1 a 3) et peut-être même son origo, pourvu qu'il y ait *matr. legit.* (Call., 50. 1. 37. 2. Cfr. Pap. J. *eod.*, 38. 3, qui écarte les munera dans la cité d'origine de la femme).

(3) « Liberum commeatum, id est ubi velint morandi arbitrium », dit Paul Sent., 1 a 8. De là une peine privative de droit (Suét. Cl. 23 : ipse quosdam novo exemplo relegavit, ut ultra lapidem tertium vetaret egredi ab urbe. Cfr. Paul Sent., 1 a 5. Pap., 4. 4. 20, pr.).

spéculation, avoir des intérêts, des *negotia*, ailleurs (1). Distincts de *l'origo*, l'homme peut avoir un ou plusieurs domiciles, dont la détermination résulte de sa volonté seule (2). Dès lors, en face d'un tel « expatrié » quel tribunal aura compétence : celui de la cité, disons pour le degré supérieur, de la province d'origine (3), — celui de la cité ou province du domicile, — celui même de Rome?

Celui de Rome, si le *municeps* s'y trouve de passage (4).

(1) **Lex Jul.** mun (Girard, p. 89) « qui pluribus in municipiis domicilium habebit ». Paul, 45, Ed. (50. 1), 5 : « Labeo judicat eum qui pluribus locis *ex æquo negotietur* nusquam domicilium habere, quosdam autem... ». Ulp, 2 op., *éod.*, 6, § 2, « si utrobique ita *se instruxit*, ut non ideo minus apud alteros se *collocasse* videatur... ». Ainsi, largement entendue, la notion de Dom. a pu contribuer à écarter l'admission d'un *forum rei sitæ* ; celui-ci n'apparaît à l'époque classiq. que dans certains cas où il y a d'ailleurs changement dans la personne du propriétaire (réclamation de fidéic. Ulp., 5, 1, 50; pr. venditio bonor. Ulp., 42, 7, 2, pr. où ce doit être une add. (Lenel, l'*Edit*, I. p. 176). Cfr. *infra*, nº 28). Cependant, « *sola domus possessio in aliena civitate* dom. non facit » (Pap., 50. 1. 17. 13).

(2) Paul Sent., 1 à 4 : « loco ubi ipsi dom. sua voluntate tulerunt ».

(3) Paul (27. 1), 30. 1 : « oriundus ex provincia » ; (1. 18), 3. Ulp. (47. 18), 1, § 2 : « Provincia Africa inde erat » (1. 12), I, § 13. — Macer (1. 22), 3. C. J. Gord. (10. 38), 2. Ces tours elliptiques s'expliquent d'autant mieux que tout *vicus* dépend d'une *patria* (Ulp., 50. 1. 30). L'expression est plus équivoque dans Marc. (40. 5), 51, § 7; Val et Gall. C. J. (8. 1), 2. Elle viserait plutôt le Dom. dans Gaius E. P. (4. 7), 1, § 1 ; Paul (40. 2), 22. V. aussi Ulp. (5. 1), 19, § 3 (homo provincialis).

(4) Nombreuses allusions au Dig. à des voyages à Rome. Noter *litis ou provocat. causa.* Scæv. (33. 7), 27, 1. Pap. (26. 7), 39. 7. Ulp. (4. 6), 26. 9.

Citoyen romain, comment ne serait-il point soumis à la juridiction du préteur (1)? Toutefois, il suffit ici de rappeler ce droit ou ce privilège, grâce auquel le défendeur cité obtient d'être renvoyé par le préteur devant le Tribunal de sa *domus : jus domum revocandi* (2). — Le préteur reconnaît lui-même cette compétence préférable (3). Et en effet la considération d'ordre strictement privé qui a fait introduire la notion de domicile conduit naturellement à entendre, dans la règle *actor forum rei sequitur*, *forum rei* au sens de *forum domicilii* (4).

(1) Rappr. à cet égard 2 textes (Ad fam., XIII, 26, 3 et *in Verr*, 3. 60. 138) cités par Mommsen, p. 308, d'où il résulte que le gouv. sous la Républ. pouvait renvoyer à Rome les plaideurs, dès lors que l'un d'entre eux était cit. rom. Momms. ajoute que la réciproque ne se pouvait certainement pas ; V. cependant *ad fam*. XIII, 14, 1. « Huic (equiti romano) in tua provincia pecuniam debet P. Cornelius. Ea res a Volcatio qui Romæ jus dicit, rejecta in Galliam est ». C'est ici le *for. cont.* ; mais il en devait être de même pour le *for dom.*

(2) Ulp., 3 Ed. (5. 1), 2, § 3 et 5, 5 ; Ed. (5. 1), 5. Ce jus *dom. rev.* remonte peut-être aux *Leges Juliæ*.

(3) Le prét. estime *an sua sit jurisdictio*. En cas de *légation* il s'assure de la qualité du *legatus* (Scæv., 50. 7. 5. 1). Il prend des garanties afin d'assurer le procès en prov. Vadimonium prévu (5. 1. 2. 6) et même possibilité de contraindre à la *litisc* devant lui, si l'action du dem. est sur le point d'être prescrite (Paul, *eod.*, 28, 4. Cfr. Duquesne, *Transl. jud.* Ann. Univ. Gren., 1910, p. 706, n° 4). M. Wlassak (*Iudikations bef.*, p. 105) pense même que le préteur aurait désigné dès l'abord le *judex*, celui-ci étant pris parmi les provinciaux venus à Rome pour y être jurés. Système, remarque M. Lenel (Z. S. St. 1922, p. 570), peu conciliable avec le caractère territorial des compétences et également très peu pratique.

(4) Cfr. Javol. (5. 1), 34. Paul (42. 5), 2, en cas de *vend. bon.* ;

On n'a de domicile en un lieu que parce qu'on y fait affaire, parce qu'on y a des intérêts. Intérêts litigieux peut-être : il est logique que la connaissance en soit réservée au tribunal de ce lieu. — A moins pourtant que l'on se soit engagé à exécuter une obligation en un lieu nommément indiqué : le créancier alors y pourra atteindre son débiteur (1). — A moins que l'obligation ne soit délictuelle : il est bien dû à la victime de la dédommager au lieu même du délit (2). — A moins enfin que les parties ne s'entendent pour soumettre leur débat à tel for de leur choix (3). Mais dans tous ces cas, nous ne nous écartons pas de l'idée première, fondamentale : c'est ici le domaine proprement privé ; celui où les démarches de l'individu sont libres, où l'essentiel est de les connaître. Il semble que cette fois nous atteignons directement l'homme.

Oui ; seulement prenons garde que la notion de domicile doit elle aussi conduire à la Cité (4). Elle y conduit

pr. lact. de inoff. t. Ulp. (5. 2), 29. 4 ; pour l'act. en rest. de dot (Cfr. Cuq. ; *Dict. loc. cit.*). Ulp. (50. 16), 190. Vat. 236 (Diocl.). C. J. Diocl. (2. 46 ou 47), 2.

(1) Cfr. Labéon ap. Ulp. (5. 1), 19. 3. Gaius, *eod.*, 8. Pap., *eod.*, 45. Jul. ap. Call., *eod.*, 36. 1. Gaius (42. 5), 3. Ulp. (13. 4), 5. 1. Noter Jul. ap. Ulp. (5. 1), 19. 4, donnant une option au dem.

(2) Ulp. (5. 1), 24, § 1 ; (48. 2), 7, § 4.

(3) Ulp. (5. 1), 2.

(4) Aussi bien elle se présente d'abord comme une suite du droit de cité. C'est ce que rappelle encore l'inscription de toute commune gratifiée de la cité rom. dans une tribu locale. Plus tard, le sénateur citoyen d'un mun. acquiert nécessairement dom. à Rome (Paul au Dg., 1. 9. 11 ; Sent. 1 a 7 et 8 ; Mommsen, VI, 2, p. 65, n° 3). C'est là en quelque sorte un domicile légal, distinct des domiciles de droit privé.

puisque le domicilié est assujetti à la juridiction locale. Mais, bien plus, le seul domicile suffit à en faire un *municeps,* astreint comme tous autres aux *munera,* aux charges personnelles ou patrimoniales prévues par la constitution de la Cité. Ulpien le dit : « Les *municipes* sont proprement tous ceux qui, reçus dans la cité, participent avec nous à ses charges (1) ». *Nobiscum,* c'est-à-dire avec les *cives,* les originaires. Ce qui nous rappelle que le nouveau venu est lui-même *civis* ailleurs, dans sa *Civitas* d'origine, qui le suit partout et que seule il transmettra à son fils (2). Gaius l'avait marqué déjà : « le domicilié, *l'incola,* doit obéir et aux magistrats de la cité où il est *incola* et à ceux de la cité dont il est *civis* (3) ». — Or, voilà pour le Gouverneur une source chaque jour plus importante d'activité judiciaire : décider de l'attribution, de la répartition des *munera,* au titre soit de l'*origo,* soit du domicile; nous aurons à y revenir, pour l'un d'entre eux, la tutelle (*infrà,* n° 28). D'activité proprement administrative,

---

(1) Ulp. (50. 1), 1, § 1. « Et proprie quidem municipes appellantur muneris participes recepti in civitate, ut munera nobiscum facerent ». Autrefois, encore fallait-il obtenir d'être « adscriptus in municipium » (Cic., ad. fam. XIII, 30, 1).

(2) Pap. (50. 1), 17, § 11, « in patris quoque persona domicilii ratio temporaria sit ».

(3) Gaius, 1, E. P. (50. 1), 29. « Incola et his magistratibus parere debet, apud quos incola est et illis apud quos civis est, nec tantum municipali jurisdictioni in utroque municipio subjectus est, verum etiam omnibus publicis muneribus fungi debet ». Cfr. Pap. (50. 1), 17, § 4. Ulp. (50. 4), 3, pr. — Privilège des vétérans. Ulp. (49. 18), 2. Sur le sens d'incola, Pomp. (50. 16), 239, § 2 ; Ulp. (48. 22), 7, § 10.

faut-il dire aussi : ce n'est qu'un élément du contrôle qu'à partir du milieu du ɪɪᵉ siècle le Gouverneur exerce sur chaque ville de sa province (1). D'ailleurs le gouverneur compétent n'est nullement celui de la province du défendeur, de la personne convoquée, mais toujours celui de la cité qui convoque (2). « Ce gouverneur statue, dit Callistrate au début du ɪɪɪᵉ siècle, qui a la *cura* de la Cité », — la Cité devenue à l'intérieur de la province comme la circonscription administrative de base, et dont les membres, débiteurs de *munera*, sont autant de fonctionnaires (3).

A dire vrai, c'est aussi le moment à partir duquel il n'est plus, sauf exceptions, dans *l'orbis romanus* que des citoyens romains (4). Mais la généralité même de

(1) Contrôle du choix des magistrats : Ulp. (49. 4), 1, § 3 et 4. Rappel des décurions fuyant déjà la curie : 2, *op.* (50. 2), 1 et (50. 5), 1, § 2-3. Rappr. div. fr. ap. Ulp. (50. 4), 6, pour les magistrats ; et 3 *op.* (50. 4). 4, 3.

(2) Call., 1. Cogn. (50. 1), 37 pr. « De jure omnium incolarum quos quæque civitates sibi vindicant præsidum provinc. Cognitio est. Cum tamen se quis negat incolam esse apud eum præsidem prov. agere debet sub cujùs cura est ea civitas a qua vocatur ad munera, non apud eam ex qua ipse se dicit oriundum esse; idque d. Hadrianus rescripsit mulieri, quae aliunde orta, alibi nupta erat ».

(3) Dans le même temps, le régime des cités est introduit en Egypte.

(4) Girard, *textes*, p. 203. Ulp. (1. 5), 17. La mesure atteint les individus, *manente quocumque genere rerum publicarum*. En particulier, la distinction du sol italique et du sol provincial subsiste au regard du droit, sinon du fisc ; Collinet, *Etudes Histor.*, I, p. 235 s. Sur l'Edit de Carac, voir récemment Segré, Mél. Perozzi, p. 140 s.

la mesure accuse qu'elle n'a plus son sens politique d'autrefois. On s'affirme en s'opposant : or, en face de la cité romaine, se trouve non plus d'autres cités, mais la seule barbarie (1). Transformation dans le milieu, qui s'accorde avec une autre transformation dans la nature et l'activité des agents de l'Empire (cf. *infrà*, n° 32).

(1) Cfr. déjà dans Tacite, en rép. au « provinciarum sanguine provincias vinci » de Civilis (Hist., IV, 17), le disc. attribué à Cérialis : « Pacem et Urbem quam victi victoresque eodem jure obtinemus amate » (IV, 74).

CHAPITRE II

LA « JURISDICTIO » ET LE « JUS EDICENDI »

10. — A ces diverses catégories de personnes, citoyens romains, pérégrins, le magistrat provincial assure donc, dans la mesure indiquée, la *jurisdictio*. Il dit le droit entre elles. Il le dit en vertu de son *imperium* : le lien étroit qui unit au fond la *jurisdictio* à l'*imperium* n'apparaît nulle part autant qu'en province, où toutes les voies de droit reposent sur l'*imperium*, sont comme suspendues à lui, *imperio continentes*.

Non pas que l'*imperium* du magistrat urbain soit privé d'initiative, annihilé (1) ; qu'en province, le Gouverneur n'ait à compter avec aucune loi ou disposition équivalente (2). Tout *imperium* est *légitimum*, institué par la loi pour l'utilité de la *respublica*. Précisément, il est un cas, dont il convient de traiter d'abord, où l'*imperium* du magistrat, quelque soit celui-ci, se montre le docile serviteur de la loi : c'est le cas de la *Legis Actio*, de la voie de droit légale et solennelle des premiers temps. A l'époque classique, ce n'est plus guère qu'un simulâcre, mais simulâcre

(1) Cfr. Cuq, Man., p. 853.
(2) Sur la sphère d'application des lois. Cfr. Cuq, Man., p. 53.

qui se maintient, comme tant d'autres, car il permet d'accomplir tel acte juridique, *actus legitimus*, difficilement réalisable autrement.

L'In jure cessio devant le préteur, en province, devant le *Praeses* (1) fera ainsi acquérir au citoyen romain le *dominium quiritaire* sur toute chose susceptible de ce *dominium*; mais les textes insistent sur trois opérations pratiquées dans cette forme et relatives à l'état des personnes : la *manumissio* ou affranchissement de la puissance dominicale, l'*émancipation*, affranchissement de la même puissance exercée sur l'homme libre (*mancipium*), l'*adoption*, acquisition de la puissance paternelle (2). Tous actes ouverts aux seuls citoyens romains.

Le premier d'entre eux se trouve d'ailleurs avoir un retentissement singulier jusque dans l'ordre public ; l'homme qui parvient à la liberté ne peut que parvenir du même coup à la cité (3). Aussi est-il naturel que les restrictions à la liberté d'affranchir introduites par la *lex Ælia Sentia* reçoivent application dans tout le monde romain, en province aussi bien qu'à Rome (4).

(1) Gaius, II, 24.

(2) Noter en particulier le rapport établi entre *leg. act.* et *emancipatio, adoptio* (Nér. ap. Mod., 1. 7. 4 ; Gell. V. 19); *manumissio, emancipatio* (Paul Sent., 2. 25. 4) ; *adoptio* (Ulp., 1. 16. 3 ; 1. 20. 1). Ce n'est pas seulement l'ancienne procéd. qui se survit à elle-même, mais encore l'antique conception de l'unité de puissance (Marc., 1. 16. 2. « Manumitti apud eos possunt tam liberi quam servi » et Ulp., 35. 1. 92).

(3) Rappr. à cet égard Pline, VII, 32 (point de vue municipal) ; Hadr. ap. Paul (48. 20), 7. 3 (intérêt de l'empire).

(4) Naturellement, elle ne concerne point les pérégrins, sauf

Tout esclave de moins de trente ans ne pourra donc être affranchi *vindicta* et acquérir la cité qu'après vérification de la *causa*, du motif de l'acte par un Consilium (1) ; de même, dans tous les cas où le maître est âgé de moins de vingt ans (2). En province, 20 récupérateurs, eux-mêmes citoyens romains, tenaient lieu des 5 sénateurs et 5 chevaliers prévus à Rome ; et Gaius ajoute que l'usage était de réserver à ces opérations le dernier jour du *Conventus* (3).

Ces dispositions ne laissent pas d'altérer sensiblement la physionomie ordinaire des actes en question. Normalement, c'est à peine s'il y a ici, de la part du magistrat, *jurisdictio* : il se borne, devant le silence de l'un des intéressés, à reconnaître le droit qu'affirme l'autre, à prononcer en sa faveur une *addictio*. *Jurisdictio Voluntaria*, dit-on, qui donne effet à la volonté commune des parties (4).

Aussi la *Légis Actio* est-elle l'apanage naturel de tout magistrat investi de l'*imperium*, donc à Rome le

une disposition (Gaius, I, 47). Mentionnons ici la *Causæ Probatio* par laquelle le lat. Jun. acquiert la Cité, et qui se fait *apud præsidem* (Gaius, I, 29. Ulp., Reg., III, 3).

(1) Gaius, I, 18. 12 E. P. 26, 8-9. Ulp., Reg., I, 12.

(2) Gaius, I, 38. Ulp., Reg., I, 13. Exemples de *justæ causæ*, *loc. cit.* et Ulp. (40. 2), 11, 13, 16.

(3) Gaius, I, 20. Ulp., I, 13, *a*. Le *Conseil* intervient encore si le min. de 20 ans ne veut faire de l'esclave qu'un latin ; mais l'aff. peut se faire alors *inter amicos* (Gaius, I, 41 ; fr. Dosith. 13).

(4) Marcien (1. 16), 2. « Omnes proconsules statim quam Urbem egressi fuerunt habent jurisdictionem, sed, non contentiosam, sed voluntariam ».

Consul, avant même le prêteur (1). Et quant au proconsul, titulaire de l'*imperium* dès sa sortie de Rome (*suprà*, n° 7) il peut dès lors et affranchir, et émanciper et adopter (2). Il le peut en particulier tandis qu'il fait route vers sa province (3). Différence profonde avec la juridiction de caractère contentieux qu'il ne saurait exercer avant d'avoir mis le pied sur le territoire à lui confié. Bien plus, cette juridiction gracieuse fait corps avec la qualité du magistrat, au point de ne pas souffrir délégation : les *legati proconsulum* en sont totalement privés (4). Si le *legatus Augusti* des provinces impériales jouit de la *Legis Actio*, c'est seulement par une dérogation indispensable : il faut que sur place l'on puisse affranchir ou adopter (5).

Autre trait du même ordre : le magistrat peut fort

(1) Ulp., Reg., I, 7. « Vindicta manumittuntur apud magistratum (populi romani) velut consulem (prætoremve vel procosulem). Gaius, I, 98. « Adoptio aut populi auctoritate aut *imperio magistratus* ». Cfr. Ulp. (1. 10) 1. pr. pour le Consul.

(2) Marcien, *loc. cit* , Paul (1. 7), 36, § 1 ; (40. 2), 17 pr.

(3) Pline, VII, 16. « Hic nunc proconsule provinciam Bæticam per Ticinum est petiturus. Spero me facile impetraturum ut ex itinere deflectat ad te si voles vindicta liberare quos proxime *inter amicos* manumisisti ». Cfr. la règle donnée par Celsus (1. 18), 17.

(4) Ulp. (1. 16), 3. « Omnino non est apud eum legis actio ». Marc. (1. 16), 2, § 1. A la vérité Paul (40. 2), 17, § 1, dit que l'on peut affranchir *apud legatum ejus*. Mais il est bien à croire avec Krueger que cet *ejus* vient de Justinien. Paul a dû viser distributivement le Proconsul et le *Legatus Cæsaris*.

(5) Les textes parlent de *præsides provinciæ*. Cfr. Gaius, I, 100. Joindre pour les *Juridici* d'Italie, Ulp. (1. 20), 1 ; pour le préfet d'Egypte, Tac., Ann., XII, 60.

bien mettre la *legis actio* à son propre service : il donnera en adoption ses propres fils ; il affranchira auprès de lui-même ses esclaves (1) : du moins, il pourra les affranchir, à condition de n'être point mineur de vingt ans (2).

Pour de tels actes, les plus grandes facilités sont données quant au temps et au lieu ; il n'est pas nécessaire que le magistrat siège *pro tribunali*, dès lors que l'on n'est point dans un cas retenu par la *lex Ælia Sentia*. L'affranchissement peut s'accomplir *in transitu*, tandis que le prêteur, le proconsul, le légat de César, selon l'hypothèse, ou va aux bains, ou se promène, ou donne des jeux (3). Ulpien autorise un affranchissement en l'absence de licteurs (4).

Enfin, la compétence *ratione personae* du magistrat ne connaît plus ici de limites. « On peut émanciper son fils n'importe où » constate Paul ; et ailleurs : « ceux qui ont leur domicile en Italie, ou en province, peuvent affranchir auprès du *Praeses* d'une autre pro-

(1) Ner ap. Mod. (1. 7), 4. Ulp. (1. 10), 1, § 2 : « Consules apud se servos suos manumittere posse, nulla dubitatio est ». Cfr. la pratique de Javolenus, *cum consilium præberet in Africa et in Syria*, suivie par Julien, quand il fut prêteur et consul (40. 2), 5. Autre procédé indiqué dans Ulp. (40. 2), 18, § 2 : « filius quoque voluntate patris apud patrem manumittere poterit ».

(2) Ulp. (1. 10), 1, § 2.

(3) Gaius, 1. Re. Cott. (40. 2), 7 : « Non est omnino necesse pro tribunali manumittere ; itaque plerunque in transitu servi manumitti solent, cum aut lavandi aut gestandi aut ludorum gratia prodierit prætor aut proconsul aut legatus Cæsaris ». Cfr, Inst. 1. 20 parlant des seuls prêteur et proconsul.

(4) Ulp. 5 Ed. (40. 2), 8.

vince » (1). Ainsi les distinctions basées sur le domicile ou l'*origo* sont écartées. C'est ce principe, en somme, dont le Sénatus Consulte Articuléien a fait application, dans le cas particulier du *fidéicommis de liberté* : soit que l'héritier fiduciaire, en conformité du fidéicommis, veuille affranchir, soit qu'en son absence reconnue légitime, une sentence doive suppléer à l'affranchissement, le Gouverneur saisi de l'affaire a qualité pour la trancher, même si l'héritier n'est pas son justiciable (2).

Au demeurant, avec le temps et le contact des coutumes provinciales, la fiction du procès, la dissimulation, à la romaine, de l'acte amiable sous l'acte contentieux ne se soutiennent plus. On omet même parfois de recourir au *Praeses*. Dioclétien se voit obligé de prohiber l'adoption à la mode grecque, que constate seulement un écrit, œuvre d'un tabellion (3). Tendances qui, cependant, triompheront partiellement au Bas-Empire.

---

(1) Paul, 18 Resp. (1. 7), 36, § 1 : « Emancipari filium a patre quocumque loco posse constat, ut exeat de patria pot ». 1 ad leg. Sent. (40. 2), 15, § 5 : « Qui in Italia vel alia provincia domicilium habent, apud alterius provinciæ præsidem consilio adhibite manumittere possunt ».

(2) Marc. (40. 5), 51, § 7 : « Sed Articuleiano Senat. cavetur ut in provinciis præsides prov. Cognoscant, licet heres non sit ejus provinciæ ».

(3) Diocl. (8. 47 ou 48) 4, en 290 ; la finale int. selon Riccobono, ne nous semble pas viser nécessairement le régime institué par Just., *ibid.*, loi 11. Cfr. prohib. de l'Ad. en qualité de frère : Diocl. (6-24), 7.

11. — Mais voici le procès réel, la *jurisdictio conten-*
tiosa, selon l'expression de Marcien. L'attitude des
parties est autre, et l'on y prend garde : il y a pour
elles un magistrat dont elles relèvent en principe ;
celui-ci siège pro tribunali (1) ; enfin, il ne saurait
avoir compétence, dès lors que ses intérêts sont en
cause (2).

En même temps, l'activité judiciaire du magistrat
se déploie. A lui de mettre en œuvre, de transcrire
dans la pratique, d'approprier *(accommodare)* d'abord
les actions dérivant des lois, puis celles qui se fondent
sur une *promesse* de sa part et découlent de sa seule
jurisdictio (3). Rôle considérable dont l'effet a été la
substitution des formules aux *legis actiones* : pour ces
dernières, il n'était besoin d'une *accommodatio* par le

(1) Sedere pro trib. (Pius. ap. 4. 1. 7 pr.) par opposition à de
plano. Non pas d'ailleurs que *de plano* signifie *causa non Cognita*
(Ulp., 37. 1. 3. 8. Vat. 156). Mais les questions importantes
civiles ou crimin. exigent que le magistrat siège *pro trib.* P. ex. :
Ulp. (2. 4) 14 ; (49. 1) 23. 3 ; Ulp (39. 2) 4. 8 ; Marc. (48. 16) 1. 8
et 11 Mod. (3. 5) 26 ; (48. 16) 72. Au contraire : Ulp. (1. 16) 9-3 ;
(48. 2) 6 ; Paul Sent., 5. 16. 16 ; Vat. 112.

(2) P. ex. Ulp. (2. 1) 10 ; (36. 1) 13, § 4.

(3) Cic. *Ad. Att.* VI, 1. 15, cité plus loin. Gaius, IV, 110 : « Quo
loco admonendi sumus eas quidem actiones quæ ex lege senatusve consultis, proficiscuntur perpetuo solere prætorem accommodare, eas vero quæ ex propria ipsius jurisdictione pendent,
plerumque intra annum dare ». 111 : « Aliquando... scilicet cum
imitatur jus legitimum... ». Cfr. IV, 76. De même *Accom. excep-*
tiones (IV. 118) ; *interdictum* (13 E. P. au Dig. 36. 3. 11). Plus
tard, on dira vaguement *accom. partes suas.* (Gord. C. J. 3. 36.
7). *Accommodare* c'est en somme faire ce qui est le plus convenable au but poursuivi (Cfr. Cic., Ad fam., III, 3. 2).

magistrat, puisque *ipsarum legum verbis accommodatæ erant* (1). Rôle nécessaire aussi, surtout en présence de justiciables pérégrins, inhabiles tant en droit qu'en fait à la *legis actio* (2).

Pour le remplir, le magistrat s'est aidé du droit qui appartient à tout titulaire de *potestas* de prendre des Edits dans le domaine où s'exerce cette *potestas*. Prendre, ce n'est point assez : une publication, un affichage intervient, afin d'en faire l'annonce au peuple pour qui ce sera une loi de s'y conformer (3). *Institutum, lex,* tels sont les termes dont use Cicéron relativement à ces Edits : l'ordre du magistrat du peuple ne diffère point en soi de l'ordre du peuple. Mais aussi cette *lex* ne saurait être qu'*annua* (4) ; portée lors de l'entrée en

(1) Gaius, IV, 11.

(2) Tandis que la leg. act. était écartée *ex personarum condicione* (Cuq., Man., p. 849), elle ne l'était pas *ex loco* : elle pouvait s'effectuer en province (Gaius, II, 24). Pourtant ce n'est qu'à Rome que des lois ont été nécessaires pour l'abroger et consacrer, entre cit. rom. un nouveau système de procédure ; à Rome seulement le *Jud.* est dit *legitimum* (*infra*, n° 15). Cela donne à penser que le Gouv. a joui d'une latitude plus grande que le Prét. Urb. De bonne heure, il aura pu, en vertu de son *imperium,* organiser entre citoyens romains des *judicia* sur la base de formules, tout comme le faisait sans doute à Rome le prét. pérégr., tout comme lui-même le faisait vis-à-vis de ses justiciables pérégrins.

(3) Cfr. Mommsen, I, p. 230-37. Weiss, *Studien zù den ræm. Rechtsquellen,* 1914, p. 121-122. Sur le terme Proponere Wlassak, *Edikt und Klageform,* p. 29 s.

(4) In Verr. act. sec. I, 42 : « Qui plurimum tribuunt edicto, prætoris edictum legem annuam dicunt esse ». Rappr. const. Δέδωκεν § 18. — II, 15 : « ex instituto ac lege Rupilia ». etc. Cela

charge, elle vaut tant que son auteur demeure magistrat : l'honneur, *fides dignitasque,* de ce dernier, est de s'y tenir, de dire le droit selon les principes, qu'il a lui-même définis, *jus dicere instituto suo* (1).

Par là l'Edit s'affirme comme l'œuvre propre du magistrat présent. Il est tel, le magistrat se serait-il borné à reproduire ce qu'il a trouvé, à assurer en quelque sorte la transmission d'un texte quasi fixé *edictum translaticium* ; assurément cette dernière hypothèse est de nature à devenir de plus en plus fréquente : la tradition a bientôt fait de régler les manifestations de ce droit, si individuel d'apparence (2).

En province, elle trouve un terrain particulièrement favorable. Nous avons fait allusion plus haut (n° 8) à

sans préjudice d'*Edicta repentina.* — Rapp. fr. d'Este « qui ibi lege, fœdere plebivescito senatusve consulto institutove dicundo præfuit » — plus tard Commode : rescr. aux col. du salt. Burun. (Girard T. p. 201) « procuratores contemplatione disciplinæ et instituti mei ». V. encore Suet. Titus, 8 « ex instituto Tiberii ».

(1) Cic., Ad. fam., XIII, 55. 2 : « nihil aliud opus est, nisi te jus instituto tuo dicere ». XIII, 59 : « servabis, ut tua fides et dignitas postulat edictum et institutum tuum ». XIII, 56. 3 : « si intellexeris... des operam ut usurae Clinio instituto tuo Conserventur ». Cfr. *In Verr. sec.* I, 46, intercessio collegæ « quod iste (Verres) aliter atque ut edixerat, decrevisset ». Pour les rapports entre l'édictal et le décrétal, cfr. Lévy-Bruhl. *La denegat. actionis sous la pr. f.* et Duquesne, RH. D., 1925, p. 464, 468, 470.

(2) Cfr. XIII. 48 : « cum primus in eam insulam quæstor veneris, ea te instituere quæ sequantur alii, quæ... facilius consequere si et P. Lentuli... legem et ea quæ a me constituta sunt sequi volueris. » Et *in verr. act. sec.* I, 44 : « sed in re tam usitata satis est ostendere, omnes antea jus ita dixisse, et hoc vetus edictum translatitiumque esse ».

cette partie de l'Edit de Cicéron, qualifiée de « provinciale » par ce dernier même : entendons que les problèmes auxquels elle répondait résultaient du fait de la province (1). Venait ensuite une partie plus franchement d'ordre privé : hérédités, *possessiones*, *venditiones bonorum*, toutes matières très pratiques, pour lesquelles il fallait un édit, que l'on était dans l'usage de demander et accorder selon l'édit (2). Or, bien que le nouveau Gouverneur, s'inspirant d'un Edit voisin, ait modifié les *instituta* de son prédécesseur sur le premier point (3), un sérieux élément translatice semble avoir été compris dans le document (4). Mais il y a plus : Cicé-

(1) Cfr. Von Velsen, *Das Edict. Prov. des Gaius*, Z Sav. Stift. R. A. 1900, p. 81. Rapprocher une tournure du même ordre : « Reliqua sunt domestica » (ad. Att. V, 21. 14).

(2) Ad. Att. VI, I. 15 : « alterum quod sine edicto satis commode transigi non potest, de hereditatum possessionibus, de bonis possidendis, magistris faciundis, vendendis, quæ ex edicto et postulari et fieri solent ». Toutefois Karlowa R. Rechtsg., I, p. 328 veut que des dispositions relatives aux *civitates liberæ* aient trouvé place ici.

(3) Ad. fam., III, 8. 4 : « diligentissime scriptum caput est, quod pertinet ad minuendas sumptus civitatum quo in capite sunt quædam nova, salutaria civitatibus... ». — 7 : « Sin autem quem mea instituta in provincia non delectant et quadam dissimilitudine institutorum meorum ac tuorum lædi se putat ... ». II, 13, 2 : « genus institutorum et rationum mearum dissimilitudinem nonnullam habet... ».

(4) Romæ composui edictum; nihil addidi nisi quod publicani me rogarunt cum Samum ad me venissent ut de tuo edicto totidem verbis transferrem in meum... hoc vero... tralaticium est » — (III, 8. 4.). Ad Att. V. 21. 11. « cum ego in edicto translaticio centesimas me observaturum haberem... quid ais, inquam, possumne contra meum edictum ? » Cfr. les rapports entre les

ron, ce magistrat investi dans sa province de la *jurisdictio* civile, limite sa besogne à ce qui précède : *breve
edictum*. Quant au surplus de la *jurisdictio*, il le laisse,
dit-il, « non écrit ». Ce n'est pas qu'il y ait là une
matière coutumière : l'écrit est représenté par les
edicta urbana auxquels un renvoi suffit (1). Et sans
doute, toute la valeur juridique de ces *edicta* repose ici
sur la déclaration expresse du gouverneur, sur son
édit (*dixi me*). Ajouter qu'un tel emprunt s'explique
aisément, car le magistrat provincial, hier magistrat
urbain, est enclin à faire ce qu'il voit faire à Rome (2) :
Cicéron rédigeait son édit, se trouvant encore dans la
ville ; — ce que, peut-être, il a fait lui-même : tel
Cecilius Metellus qui applique la *formule octavienne* rela-

édits de Cic. et de Bibulus, proc. de Syrie dans le même temps
(VI, I, 15).

(1) « Tertium, de reliquo jure dicundo αγραφον reliqui, Dixi
me de eo genere mea decreta ad edicta urbana accommodaturum ».
Sur cette division, V. Kniep, *Das Rechtsgelehrte Gaius*, 1910,
p. 130. Faut-il l'attribuer en propre à Cic. ? Von Velsen, p. 80 ne
le croit pas. Pourtant Cic. semble se féciliter de la disposition
qu'il a su donner à son édit : « Breve autem est edictum propter
hanc meam διαιρεσιν, quod duobus generibus edicendum putavi ».
Pour le fond, il vient de signaler les emprunts faits : il reste
qu'il a choisi en connaissance de cause, que de lui-même il a
jugé bon de donner sur ces points un règlement en forme d'édit
edicendum putavi, par opposition au *reliqui* du 3e groupe. Quant
aux *edicta urbana* visés, s'agit-il des édits des 2 prét. (Velsen),
du seul édit. du pr. urb. (Kniep, p. 245)? Des textes similaires
favorisent la seconde interprétation. Néanmoins, c'est là affaire
de préférence : aucune hypothèse ne devrait revendiquer pour
elle ce terme équivoque.

(2) D'où la remarque de Proculus, 4 Epist. (1. 18.), 12.

tive à la violence, en qualité de prêteur urbain d'abord, de gouverneur de Sicile ensuite (1); tel, avant Metellus, Verres. A la vérité, celui-ci soucieux de ne se point « diffamer gratuitement » n'importait pas en Sicile tel édit pour lequel il avait été payé à Rome (2), mais sur d'autres points, son édit, pareil à ceux de ses prédécesseurs, reproduisait la lettre même de l'édit urbain (3).

Au fait, demande Cicéron, « l'équité n'est-elle pas la même à Rome et en Sicile? » Mot de philosophe, peut-on dire, ou d'avocat, l'un et l'autre dédaigneux des lois positives : un autre mot d'un autre philosophe le corrige. Mot de juriste pourtant ou de législateur, car Cicéron s'explique : « bien des édits spéciaux sont nécessaires dans les provinces »; c'est par avance l'*edictum provinciale*, auquel, gouverneur de Cilicie, il donnera ses soins. Mais, continue-t-il, il n'en est pas besoin lorsqu'il s'agit de *possessiones hereditatum*, de *mulierum hereditates* (4); par où l'on voit que la seconde

(1) In Verr. III, 65 : « quam formulam Octavianam, et Romæ Metellus habuerat et habebat in provincia » (Cfr. Cuq., Man., p. 582, n. 2; Girard, p. 426, n. 1).

(2) In Verr., I, 46 : « Quæ Romæ magna cum infamia, pretio accepto, edixeras, ea sola te, ne gratis in provincia male audires, ex edicto Siciliensi sustulisse video ». I, 43 : in ea maxime offendisti, quum tuam auctoritatem tute ipse edicto provinciali repudiabas ». Il ne fait pas de doute ici qu'il s'agisse de l'édit du pr. urb.

(3) Id. I, 45 : « Ipse in Siciliensi edicto non habet... ; item ut illo edicto de quo ante dixi, in Sicilia de hereditatum possessionibus dandis, edixit idem, quod omnes Romæ, præter istum ».

(4) I, 46 : « Cur ea Capita in edictum provinciale transferre

partie de l'édit cilicien a dû être calquée sur l'édit urbain. Et nous savons que, pour le reste, Cicéron fera un pas de plus ; sans se donner la peine de calquer ou de reproduire une copie déjà faite, il renverra à l'original (1).

Naturels, de tels emprunts ont à coup sûr une portée considérable : l'édit urbain se trouve avoir un champ d'application qui pratiquement déborde le territoire où son auteur a compétence ; il tend à se présenter comme la règle de droit type, universelle, détachée, sauf ici encore les exigences ou habitudes constitutionnelles, et du magistrat qui édicte et du district pour lequel il édicte.

12. — Sautons — le défaut de texte y contraint — les deux siècles et demi qui séparent Cicéron de Gaius : celui-ci pose encore la question dans des termes analogues. « Les magistrats du peuple romain, dit-il, ont le *jus edicendi* ; droit qui trouve sa plus remarquable expression dans les édits des deux préteurs urbain et pérégrin, dont la *jurisdictio* dans les provinces appartient

---

nolveris ? Utrum digniores homines existimasti eos qui habitant in provincia, quam nos qui æquo jure uterentur ? an aliud Romæ æquum est, aliud in Sicilia ? Non enim hoc potest hoc loco dici, multa esse in provinciis aliter edicenda : non de hereditatum quidem possessionibus, non de mulierum hereditatibus. Nam utroque genere video non modo cæteros, sed te ipsum totidem verbis edixisse, quot verbis edici Romæ solet ».

(1) A lire, I, 43, on peut se demander si l'Edit urbain n'avait pas de toute façon une valeur supplétive en province : « tu ipse ex Siciliensi edicto hoc sustulisti : voluisti ex improviso si quæ res nata est, ex urbano edicto decernere ».

à leurs gouverneurs (*praesides*) respectifs ; également dans les édits des édiles curules dont, dans les provinces du peuple romain, les questeurs ont la *jurisdictio* ; toutefois les questeurs n'étant point envoyés dans les provinces de César, ce dernier édit ne s'y publie pas ».

Ainsi, d'une part le *jus edicendi* se présente comme inhérent à la qualité de magistrat du peuple romain ; d'autre part, il existe entre le régime de Rome et le régime des provinces, de chaque province, *in provinciis*, une corrélation absolue, sauf une exception due à un fait purement administratif. *Ratione materiae*, on distingue des *jurisdictiones* diverses ; *ratione loci*, il n'est qu'une *jurisdictio* : la *jurisdictio des praesides* est celle-là même des préteurs, la *jurisdictio* des questeurs est celle-là même des édiles curules.

Et la corrélation paraît aller fort loin : les manifestations elles-mêmes de la *jurisdictio* tendent à être uniformes, car, à supposer des questeurs, l'*edictum* affiché est sans doute leur édit, sinon il serait affiché sans eux ; en revanche, matériellement, cet édit ne semble pas différer de celui qui s'affiche à Rome au nom des édiles ; de même doivent coïncider en partie tout au moins les édits des *praesides* et ceux des préteurs (1).

---

(1) Gaius, 1. 6. « Jus autem edicendi habent magistratus populi romani sed amplissimum jus est in edictis duorum prætorum urbani et peregrini, quorum in provinciis jurisdictionem præsides earum habent ; item in edictis ædilium curulium, quorum jurisdictionem in provinciis populi romani quæstores habent ; nam in provincias Caesaris omnino quæstores non mittuntur et ob id hoc edictum in his provinciis non proponitur ».

— Aussi bien, les travaux même de Gaius fourniront
comme l'illustration de ces principes. Gaius a rédigé
séparément des commentaires *ad edictum praetoris
urbani, ad edictum provinciale, ad edictum aedilium curulium*. Or le fond commun des deux premiers édits est
à ce point mis en relief qu'au Digeste l'*Ad edictum provinciale* pourrait être pris pour un commentaire de
l'édit du préteur urbain. Il n'apporte aucune particularité quant à la structure des formules en province (1).
Ici et là, une mention formelle du proconsul qui *pro-
met*, qui *constitue*, qui *introduit* rappelle la source du
fragment (2). Mais ailleurs, ce sont les *verba praetoris*
qui sont commentés, et le terme de *praetor* revient aussi
fréquemment que celui de proconsul (3).

Ces rappels n'en sont pas moins précieux ; à eux
seuls, ils suffiraient pour écarter une hypothèse présentée par M. von Velsen ; l'édit provincial, dit-on, qui
fait allusion sans cesse à des lois, à des institutions

(1) Cfr. Partsch Schriftformel, p. 102.

(2) P. ex. : 9. E. P. (14. 5), I : « Omnia proconsul agit ut...
Sive enim jussu ejus cujus in potestate sit negotium gestum
fuerit in solidum ea nomine pollicetur; sive non jussu... eatenus
introducit actionem quatenus in rem eius versum fuerit, sive
neutrum eorum sit, de peculio actionem constituit ». 16 E. P.
(38. 8), 2 : « Proconsul naturali æquitate motus... promittit bon.
possession. quos sanguinis ratio vocat ad hereditatem licet jure
civili deficiant ». 23 E. P. (29-2) 57, pr. D'où précisément l'utilité de rappeler les principes de ce droit civil.

(3) 4. E. P. (4. 6), 25 ; 17 E. P. (29. 5), 25 parlant de l'*edictum
prætoris*. On compte 16 fragments avec *proconsul* ; 15 avec *prætor*. L'étude détaillée de chacun d'eux se trouve dans Kniep, *op.
cit.*, pp. 149-275. Rappr. Von Velsen, p. 138.

inapplicables en province (1), autrement dit qui n'a de provincial que le nom, ne devait même point avoir celui-ci à l'origine. Il y a là une erreur de *l'index Florentinus*, où pareillement put se glisser, se naturaliser, l'expression tardive *edictum urbicum* pour *edictum praetoris urbani* (2). Quant au faux *edictum provinciale*, il représente l'édit du préteur pérégrin, mais grossi de certains préceptes juridiques en vigueur dans les provinces. Ainsi s'expliquerait l'emploi du mot proconsul, — que dans la suite l'auteur reconnaît interpolé (3). Le texte général des *Institutes* de Gaius n'est point une objection : il accorde la *jurisdictio* aux *praesides*, nullement le *jus edicendi*; en réalité, le Gouverneur exerce sa *jurisdictio* d'après les édits des magistrats de Rome (4). Mais l'édit provincial du temps de Cicéron ? Depuis lors, l'empire a été fondé et Auguste a retiré aux Gouverneurs le *jus edicendi* (5).

Ce serait donc une cassure, une brisure dans ce mouvement très marqué dès la fin de la République qui, de lui-même, portait à l'uniformité dans l'application de la *Jurisdictio*, à l'uniformité réalisable. Les résultats en sont ici devancés, bousculés ; tandis que la

(1) Cfr. Von Velsen, *op. cit.*, p. 101. En particulier, la loi des XII Tables est citée sept fois ; on sait que Gaius en a écrit un commentaire. Mention de l'usucapion immobilière, p. 107.

(2) *Ibid.*, p. 142-144.

(3) *Beit. zur gesch. des Edict. præt. urb.*, 1909, p. 105.

(4) Z. S. St. 1900, p. 84-98.

(5) On s'appuie à cet égard sur Dion. 54. 9 (p. 118), texte qui dit seulement qu'Auguste réglait les affaires des peuples soumis d'après les usages de Rome.

magistrature est atteinte dans l'un de ses attributs vitaux. Méthode bien peu romaine ; surtout hypothèse condamnée par les textes. Car c'est jouer sur les mots que de disjoindre *jus edicendi et jurisdictio* ; lorsque Cicéron écrit : « De reliquo jure dicundo αγραφον reliqui, etc... » il marque assez le rôle de l'édit : celui-ci est la voie, le moyen par où le Gouverneur remplit sa tâche, et, ayant à dire le droit, le dit. Le jour où il doit se référer à un édit étranger, à un édit qu'il ne peut présenter comme sien, serait-ce par adoption, il n'est plus que l'exécutant de la *jurisdictio* d'autrui, il n'agit point « pro suo imperio » : il a perdu la *jurisdictio* (1). Dans un passage parallèle à celui de Gaius, le fragment dit de Dosithée (fin II⁰ siècle ou début III⁰) lève tous les doutes : parmi les sources du droit sont énumérés le *jus civile*, les constitutions impériales, l'*edictum prœtoris, similitervel proconsulis* (2). Ajouter que ce qui précède peut s'appliquer au légat d'Auguste. Quand Trajan choisit Pline « pour établir (*constituere*) ce qui est propre à la paix perpétuelle de la province », il lui délègue la mission du gouverneur républicain, sauf peut-être une réserve en raison du mot « perpétuel » (3). Bien plus, le retrait par Auguste

(1) Rappr. Julien 5 dig. (1. 21), 3 pr. « Et si prætor sit is qui alienam jurisdictionem exsequetur non tamen pro suo imperio agit, sed pro eo cujus mandatu jus dicit, quotiens partibus ejus fungitur ». Nous avons d'ailleurs noté plus haut des textes liant nettement *jus dicere* et *institutum*.

(2) Dans Girard, textes, p. 502, n⁰ 2.

(3) X, 117 (118), *supra cit.* — M. V. Velsen veut établir une différence au moins entre le Légat ēt le *Mag. pop. rom.* Le pre-

du *jus edicendi* aux gouverneurs sénatoriaux semble peu croyable devant la prescription du même Auguste assimilant « les décrets des chevaliers préfets d'Egypte aux décrets des magistrats romains » ; aussi dit-on de ces préfets qu'ils ont l'*imperium ad similitudinem proconsulis*, et leurs édits nous sont mieux connus aujourd'hui que ceux des proconsuls (1). — Par là, Gaius, qui rattache étroitement le *jus edicendi* à la magistrature, peut paraître archaïque ; fait normal après tout de la part de ce jurisconsulte « provincial », si remarquablement attaché au droit de la cité romaine (2) : entre l'édit du magistrat, du proconsul tout au moins,

mier n'étant point *mag. p. rom.*, n'a pas, selon Gaius même, le *jus edicendi*; et donc, celui-ci est distinct de la *jurisdictio* attribuée au *Præses* en général (p. 84). L'énoncé de la condition juridique du légat suffit à résoudre cette difficulté (*suprà*, n° 4). A vrai dire, le sens de *mag. p. rom.* est dans ce passage, équivoque. L'opposition avec les *provinciæ* donnerait à croire qu'il s'agit des mag. de la ville de Rome (*suprà*, p. 32, n. 3). Mais peut-on douter que les questeurs envoyés dans les *provinciæ pop. romani*, et dont il s'agit aussitôt après, soient des *magistratus p. romani*? Kniep (p. 77) présente d'ailleurs le développement relatif aux provinces comme étant seul de la main de Gaius, la phrase initiale faisant partie de l'ouvrage copié par lui.

(1) Tac., Ann., XII, 60 : « Nam divus Augustus apud equestres qui Egypto præsiderent lege agi decretaque eorum perinde haberi jusserat ac si Magistratus romani constituissent ». Cfr. Weiss, *op. cit.*, pp. 72-85. Ulp. 15 Ed. (1. 17), 1 : « non prius deponit præfecturam et imperium quod ad similitudinem proconsulis lege sub Augusto ei datum est ». Il y a d'ailleurs quelque obscurité sur la nature de la mesure.

(2) Plusieurs passages des œuvres de Gaius montrent en lui un citoyen rom. (1. 55 p. ex.); *suprà*, p. 1.

et l'édit du préfet, il doit demeurer cette différence profonde que le premier seul est l'acte propre de qui le porte, œuvre du magistrat pour sa magistrature (1). Mais il faut avouer qu'à se placer à ce seul point de vue, Gaius est étonnamment succinct (2). Il ne dit rien de la mesure, certaine celle-ci et nullement précipitée, par où sous Hadrien fut enregistrée, législativement consacrée, stabilisée, la pratique antérieure des magistrats relativement à leur *jus edicendi* : translatice de fait, l'édit devient translatice de droit ; un sénatus-consulte en arrête la teneur et l'ordonnance, objets d'une révision préalable par Julien. Du moins en est-il ainsi pour l'édit du prêteur urbain et celui des édiles curules ; car une fois de plus, les sources sont muettes sur les autres (3). Quant à l'édit du gouverneur, la question revient à savoir ce que représente exactement l'*ad edictum provinciale* de Gaius, étant admis que cet ouvrage n'est point le commentaire d'un édit différent (4).

(1) La chose ne fait pas doute pour les édits du préf. d'Egypte ; il s'agit en outre d'édits isolés rendus spécialement en vue d'une affaire donnée : Weiss, pp. 83, 84. Cfr. Pomp. (1. 2), 2, § 12 : « aut est *magistratuum* Edictum, unde jus *honorarium* nascitur ». Cependant noter que les Préfets d'Egypte usaient du langage des Magistrats : Cfr. la promesse d'une bon. poss. dans Pap. lat. de Giessen (Z. S. St. 1911, p. 378). A cet égard, Weiss, p. 114 ; Wlassak, *zum. rœm. prov.*, p. 5, n° 2.

(2) Les Inst. de Gaius sont à certains égards en retard sur le droit de l'époque. Cfr. Kniep, p. 82 et 132 ; le modèle suivi par Gaius a pu se référer à l'Edit antérieur à Julien.

(3) Sur ces sources, cfr. Girard, *la date de l'Edit*. Mél., I, p. 214, n° 2.

(4) L'hypothèse de M. V. Velsen est très généralement repous-

13. — La solution qui pourrait sembler la plus satisfaisante consisterait à voir dans tout fragment où intervient le proconsul un développement sur l'édit propre du Gouverneur ; au contraire, l'emploi du terme *praetor* témoignerait d'un renvoi à l'édit du préteur, urbain sans doute, cet édit constituant d'ailleurs la base de l'exposé : ce dernier point ne peut guère être contesté en présence du plan quasi identique adopté par Gaius, Ulpien et Paul (1). Telle est en particulier l'opinion de M. Kniep, qui invoque à l'appui la division de l'édit de Cicéron en une fraction « provinciale » et une fraction urbaine. Il ajoute qu'il n'y a pas lieu d'attribuer à Julien une révision et fusion des divers édits provinciaux : Gaius aurait commenté l'édit de sa province, la Bithynie ; Mommsen parlait de l'Asie (2). Pourtant on peut hésiter sur le point de départ posé somme toute *a priori*. L'on nous dit que, vu la mention du proconsul, telle ou telle action, les actions *quod*

sée comme arbitraire ou « paradoxale » ; par ex. Partsch, *Schriftformel*, p. 96, n. 1. Girard, Mel., I, p. 253, nº 1. Kübler. vº Gaius dans Pauly. Wis. Lenel, *Edict.* p. 4. Costa, *Storia delle fonti*, 1909, p. 99, nº 5. Krueger, *Gesch. der Quellen*, 1912, p. 202, nº 9.

(1) Lenel, Das Edict., p. 9, note 2 seules particularités dans le comm. de Gaius : le titre *de Except.* suit le titre *de Stip* : le titre *de Relig* est rejeté après le titre *de legatis*. L'auteur explique la première divergence par l'opportunité ; la deuxième par l'absence du titre *de Relig.* dans l'Ed. Prov. (Inst., II, 7). Toutefois, Kniep, p. 302, estime que l'une et l'autre peuvent provenir du plan antérieur à Julien maintenu dans les provinces.

(2) Kniep, p. 124, 154. Sur la prov. où aurait vécu Gaius, p. 9.

metus, de dolo, de peculio et *de in rem verso* étaient
accordées en province, précisons en Bithynie, dans des
conditions différentes de celles où elles l'étaient à
Rome. De même, on observe des nuances en certains
sujets : la restitution des mineurs, l'*alienatio judicii
mutandi causa*, la *cautio judicatum solvi*, la *noxae deditio*
en présence d'un usufruitier ou gagiste, le vol commis
par les esclaves des publicains, le bénéfice de compétence de l'associé, l'ouverture des testaments, le *jus
abstinendi* de l'héritier sien... De la sorte, en opposant
les solutions fragmentaires de Gaius avec les solutions
également fragmentaires des textes urbains, on aboutit à reconnaître, à la surface du monde romain, sur
des matières de droit romain, plusieurs *jurisdictiones*
ou pratiques judiciaires sensiblement différentes (1).
Or, cela ne s'accorde guère avec ce que rapporte expressément Cicéron, pas davantage avec ces emprunts si
considérables à l'édit urbain pour les mêmes questions
ou des questions analogues : pourquoi l'abandonner
sur tel point, le reprendre sur tel autre (2)? Et que,
dans ces conditions, l'œuvre régulatrice de Julien ne
se soit point étendue aux édits provinciaux, c'est ce
dont il est permis de s'étonner. A la vérité, l'on était
en droit d'attendre un édit provincial dans un autre
domaine : c'est par l'objet que Cicéron a caractérisé
chaque partie de son édit ; l'*edictum provinciale* par

(1) Cfr. les résultats obtenus, p. 234-44.
(2) En matière d'action *de peculio* (14. 5), 1 et (15. 1), 27,
Lenel, Pal., 221 et 223 ; d'ouv. de testam. (29. 3), 1 et 7, Lenel,
nᵒˢ 302 et 304.

excellence traite des rapports juridiques spécifiquement provinciaux (1). Ainsi, tous les problèmes relatifs
au sol provincial, notamment la *vindicatio* de ces fonds
dont les particuliers n'ont que la *possessio vel ususfruc-
tus* (2) ou encore la constitution de servitudes par pac-
tes et stipulations (3), ne sauraient trouver une place
que là. Et que dire de la liste de Cicéron, *rationes civitatum, aes alienum usura, syngraphae* ? Ecartons les *publicains* dont Gaius traite, suivant d'ailleurs l'ordre de
l'édit du préteur (4). Force est bien, devant la carence
des sources, de tenir compte de leur nature ; nous ne
connaissons l'œuvre de Gaius que sous forme de mor-
ceaux choisis et mis à jour (5) ; les compilateurs

(1) Cependant, peut-être certaines des divergences relevées
tiennent-elles à une influence du droit local : le Proc. donne la
Bon. Poss. omnibus cognatis et même en cas de naiss. illég.
(38. 8. 2. le préteur parlait des *proximi cognati* : Kniep, p. 241).
Peut-être aussi la condition des provinces a-t-elle pu faire édic-
ter des règles spéciales en mat. d'assoc. (3. 4. 1, § 2. Kniep,
p. 234). Aussi bien dans telle hypothèse où l'on attendrait le
Proc. le Prét. est mentionné (De Vad. Rom. fac. 2. 11. 1. Kniep,
p. 247). Observer d'ailleurs qu'Ulpien dans son *de Off. Proc.*
agira pareillement, et donnera le texte de la *lex Cornelia de
Sicariis* où le *prætor judexve quæstionis* est visé (Coll. 1. 3. 1).
— Précisément, l'organ. de telles *quaest.* a pu entraîner quelque
différence entre l'édit urb. et l'éd. prov. (Girard, *M. gér.*, p. 281,
n. 3). Au moins, jusqu'à Hadrien.
(2) Cfr. Lenel, Edict. 2e édit., p. 184.
(3) Cette coutume grecque acceptée sans doute par l'Edit prov.
(Gaius, II, 31), a passé de là directement dans le droit de Justin.
et est devenue alors une institution générale (Collinet, *Et. Hist.*,
1912, I, p. 161-173). Nous ne parlons pas de la *Præscript. l.
temp.*, coutume pérégrine également mais qui ne semble point
s'être introduite en dr. rom. avant Sév. (Cuq, *Man.*, p. 287).
(4) Lenel, p. 374.
(5) Glasson, Etude sur Gaius, 1885, p. 318. Lenel, Edict., 1907,
p. 5.

n'avaient que faire de développements périmés : tels étaient ceux qui exposaient la condition du sol provincial (*suprà*, p. 57, n. 4). Quant aux matières énumérées par Cicéron, nombre d'entre elles relèvent, depuis l'Empire (voici la part du nouveau régime ; *suprà*, p. 48), et de l'Edit du Gouverneur et des mandats du prince, ces mandats dont comme de l'édit les administrés peuvent se réclamer (p. 18, n. 2 ; p. 35, n. 2) ; — dont les diverses clauses, se fixant à leur tour, finissent par être réunies en chapitres (1). Et c'est là probablement la raison pour laquelle les jurisconsultes n'ont pas d'ordinaire consacré de traités particuliers au droit romain des provinces : ils disaient le nécessaire à propos soit de l'édit urbain, soit de l'*officium* du Gouverneur (2). Seul entre les juristes, Gaius a choisi l'édit provincial comme base d'un exposé d'ensemble du droit. Indice de ses attaches provinciales (3), mais aussi, croyons-nous, du carac-

(1) Il n'y a d'ailleurs pas un fossé entre édit et mandats. Telle mesure, contenue vraisemblablement dans ceux-ci, a été introduite par le gouv. dans son Edit : 29. 1. 2, relatif au testament des Milit. C'est là sans doute un des cas où l'Edit prov. a pu différer de l'Edit urbain (Kniep, p. 198, 241. Toutefois v. Velsen, p. 145, estime le texte interpolé). Réciproquement, tel édit d'un gouv. en matière de police a passé dans les mandats, quand ce gouv. est devenu emp. (Pius : 48. 3. 6. 1).

(2) Cfr. p. ex. Ulp., 1. Off. Proc. (1. 16), 9, § 2.

(3) A la vérité, on est à cet égard très partagé. Mommsen rattache Gaius à la ville de Troie en Asie ; Kniep (p. 17) à celle de Byzance en Bithynie. Il aurait donc vécu et enseigné en province (cfr. Mod. 27, 1, 6. 12). Mais Karlowa le fait professer à

tère général de l'œuvre autour de laquelle il groupait ses explications (1). Dans un tel édit devaient se donner en quelque sorte rendez-vous et les principes établis par le préteur de Rome, suivis traditionnellement par le proconsul (d'où l'interversion, sans autre portée peut-être, de l'un et de l'autre) et les règles découlant du fait provincial, le tout classé, ajusté selon le modèle « composé » par Julien (2).

Le modèle : disons, d'un mot familier aux juristes et empereurs du IIIe siècle (3), la *forma* : ce terme philoso-

Rome et Krueger admettrait une rédaction de l'*Edict. prov.* à Rome (*Sources*, p. 254, n° 5).

(1) Cfr. Weiss, *op. cit.*, p. 111. Imaginer un travail abstrait où Gaius eût étudié les règles les plus générales en vigueur dans les diverses provinces semble peu satisfaisant ; rien ne serait plus opposé aux habitudes d'esprit des juristes anciens. A cet égard V. Velsen, p. 74. En revanche, Gaius a entendu utiliser les travaux qu'il avait faits antérieurement. Il a été amené ainsi à se répéter lui-même, et c'est peut-être là un motif de la mention du préteur. Rappr. pour Ulp. 1. Sab. (27. 10), 1 et 3 Off. Proc. (26. 5), 12.

(2) Quant à déterminer la nature juridique de la mesure prise à l'égard des prov. la chose est sans doute délicate, le fait même de la *compositio* étant déjà une pure hypothèse. Du moins, l'objection de Pernice qu'un édit provincial unique pour toutes les provinces ne se conçoit pas en l'absence d'une autorité compétente pour le promulguer (*Arch. Giur.*, 1886, p. 145, n° 1) ne semble pas irréfutable ; il ne s'agit pas de retirer le *jus edicendi* à chaque gouv. en particulier, ni de publier un Edit général, abstraction faite des limites provinciales. Un snc. a très bien pu faire une obligation à tous les Gouverneurs de publier le même texte ; cfr. Weiss, p. 111, n° 176. Wlassak, *zum Röm. Prov.*, p. 28, n° 32. Rappr. le *Snc. de Sumpt lud.*

(3) Naturellement il faut parfois, de même que pour *natura*

phique, qui atteint jusqu'au contenu, jusqu'à la matière
(*forma et finis coincidunt,* diront les scolastiques) (1),
peut sembler heureusement définir la portée de cette
mesure, si empreinte en soi de l'esprit romain. Au
milieu du second siècle, on estime que l'activité édic-
tale du magistrat dans le domaine civil a atteint ses
buts, réalisé ses fins. La *forma edicti perpetui* recueille
et couronne cette œuvre de chaque année. Annuel,
l'Edit l'est toujours et doit l'être pour demeurer l'Edit :
on continue donc de le publier, de le *proponere in
albo* (2), à tout nouveau préteur ou gouverneur, dont le
jus edicendi subsiste de fait entièrement : les édits administratifs le marquent assez (3). Perpétuel, l'Edit l'est

(Cfr. Collinet, Et. Hist., I, 199), soupçonner la main des Byzan-
tins. V. à cet égard Beseler, Beiträge, I, p. 84 et II, p. 23-24 une
série d'intuitions critiques allant de l'interrogation à l'exclama-
tion. Néanmoins, Beseler lui-même ne songe point à mettre ce
terme toujours en doute ; de fait, il se trouve chez Gaius (IV,
32, p. ex.) et d'autres textes (décret du proc. de Sard., I, 181).
Rappr. la *formula,* la *redactio in forma provinc.,* etc... Dans les
textes du iie et iiie siècles, on rencontre *forma* au sens d'Edit.
Cfr. Alex (1. 26), 2. La *forma edicti perpet.* est visée au Dig.
(soupçons de Beseler) et au Code, 2. 19 (20), C. 3 et 7 (5. 42), 4.

(1) Rappr. Ulp. (10. 4), 9, § 3 : « Nam mutata forma prope
interemit substantiam rei ». Cfr. Heumann-Seckel, *Handlexicon,*
1907.

(2) Alex. C. (8. 1), 1. « Præses ad exemplum interdictorum
quæ in albo proposita habet ».

(3) Sur quelques édits relatifs à une seule affaire pris par le
Gouv. Cfr. Weiss, p. 89. De même l'*Edictum de adventu* (1. 16),
4, § 3-4. De là aussi l'*Edicta* aux fins de citation ; rappr. Phil.
(7. 57), 6. *Programma a præside propositum vim rei judicatæ
requaduam obtinet.* Cfr. Boulard Salv. Julian, p. 66.

dans la réalité : l'autorité de ce texte est, certes, maintenant, disjointe de celle du magistrat qui en est l'auteur supposé ; mais aussi la magistrature n'en est-elle point venue à vivre de fiction ? (*suprà*, n° 5). Le magistrat se présente comme l'agent d'exécution d'un texte supérieur à sa volonté (1), dont il est tenu de s'inspirer dans des hypothèses analogues (2) (la nature même de l'Edit préserve de croire que tout est prévu) (3), — dont l'interprétation lui échappe. Au seul magistrat perpétuel, au prince, de fournir celle-ci, le prince que l'on retrouve donc au terme de cette tradition encore (4). *Ejus est interpretari cujus est condere* : le *conditor disciplinae militaris* est désormais aussi le gardien de la loi, de toutes les lois, *rogatae* ou *datae* (*suprà*, n° 5).

(1) Rappr. des textes où s'affirme l'autorité de la loi et du droit en face de celui qui doit en faire application. Pap. (50. 1), 15 ; (5. 1), 40 ; (26. 2), 26. Ulp. 2. 12. 1, § 1.

(2) Const., *Tanta*, § 18 : « Ut si quid in edicto positum non invenitur hoc ad ejus regulas eiusque conjecturas et imitationes possit nova instruere auctoritas ». Const. Δεδωκεν, § 18. Cfr. Glasson, *op. cit.*, n° 80.

(3) M. Lenel pense que Julien a très bien pu maintenir un plan peu méthodique mais traditionnel. C'est même ainsi que s'expliquerait une différence dans la distribution des matières, qui s'observe entre Gaius et Paul d'une part, Julien, auteur de *Digesta*, et Ulpien de l'autre. Les premiers ont suivi l'ordre de l'Edit ; les seconds ont préféré un ordre plus logique (p. 10). Cfr. Kniep, p. 304-305. Noter aussi l'indépendance de l'Edit des Ediles même après la disparition de ces magistrats (const. *Tanta*, § 5).

(4) *Tanta*, § 18 : « Ut si quid imperfectum inveniatur, ab imperiali sanctione hoc repleatur ». Δεδωκεν, § 18. Sur le rapport entre Lex et Edictum, cfr. Wlassak, *Edikt und Klageform*, 1882, p. 46-49.

14. — Action, interdits, stipulations, envois en possession, *in integrum restitutio* : telles sont les diverses voies de droit que l'Edit du préteur urbain prévoyait et que le commentaire sur l'édit provincial nous montre avoir été également en vigueur dans les provinces. Les quatre dernières, si par leur but elles rentrent assurément dans la *jurisdictio* (1), constituent autant de manifestations particulièrement actives de l'*imperium* dans les rapports privés (2). Gaius le marque bien pour l'Interdit : « Dans des causes déterminées, dit-il, le préteur ou le proconsul interpose son autorité afin de mettre un terme aux litiges. Il donne ordre de faire ou de ne pas faire » (3). Aussi bien, il ne faut pas préjuger de questions délicates, ainsi l'application des interdits,

(1) Ulp., 1, Ed. (39. 2), 1, parle de la jurisdictio du préteur en matière de *damnum infectum*. Pour l'i. i. r. cfr. Ulp., 6 Ed. (3. 1), 1, § 9-10. « Talia prætorum decreta non esse servanda nisi sicubi ex officio jurisdictionis suæ subvenerunt ». Call., 2 Ed. mon. (4. 6), 2. Pour l'envoi en poss. Ulp., I, Reg. (2-7), 1.

(2) Ulp., 1 Ed. (2. 1), 4 : « Jubere caveri prætoria stipulatio ne et in possessionem mittere imperii magis est quam jurisdictionis ». En conséquence, les mag. mun. ne peuvent d'eux-mêmes accomplir de tels actes : Paul, 1 Ed. (50. 1), 26. Sauf délégation, comme pour certaines stip. prét. et peut-être aussi pour certains interdits (Cfr. Cuq, Man., p. 827, n° 5). Cfr. Leifer, *op. cit.*, p. 125 et 88-91.

(3) Gaius, IV, 139. « Certis igitur ex causis prætor aut proconsul principaliter auctoritatem suam finiendis controversiis interponit., et in summa aut jubet aliquid fieri aut fieri prohibet ». Le § 141 ne vise, selon l'habitude de Gaius, que l'*edictum prætoris*. Pour des textes postérieurs parlant de Præses, C. J. (8. 1), 2, Alex. La C. 1. est moins déterminante. Vat. 312 en 293 pour l'int. *unde vi.*

procédure à caractère spécifiquement romain, dans les contestations entre pérégrins (1), ou encore relativement au sol provincial (2). — Le magistrat peut aller jusqu'à ordonner à quelqu'un de s'obliger envers autrui par stipulation (3) : le préteur ou le *praeses* ordonnera aux propriétaires (ou au titulaire de droit réel) de fournir la *cautio dammi infecti;* devant un refus, il enverra le plaignant en possession de l'immeuble dangereux. Hypothèse intéressante, car le magistrat a délégué au moins la première faculté, celle d'exiger la *cautio* aux magistrats municipaux (4). — Des textes signalent à maintes reprises l'*in integrum restitutio* par le *Praeses* (5) :

(1) Le mieux est sans doute de croire que comme en matière d'act. et à supposer le pr. formul. en vigueur, on aura eu recours à la fiction de la cité romaine, si *modo justum sit... ad peregrinum extendi* (Gaius, II, 37).

(2) Frontin, au ᵉʳ siècle, soulève la question : Videbimus tamen an interdicere quis possit de eiusmodi possessione (Bruns, II, p. 86). Il semble qu'on la puisse trancher par l'affirmative, d'après Gaius, IV, 139, qui souligne l'intérêt des interdits possessoires dans le passage même où il parle du proconsul. D'autant que la solution est certaine pour l'Egypte (Mitteis, Grundz, 153). Rappr. la *nuntiatio novi operis* qu'Ulp. 52 Ed. (39. 1), 3, pr. déclare applicable aux fonds prov. ; cfr. Gaius, 4 E. P. (4. 7), 3, § 2-3 et Phil. C. J. (3. 34), 5.

(3) Cfr. pour le *Præses*, p. ex. Ulp. (46. 5), 10, C. J. (6. 37), 9.

(4) Ulp., 1 Ed. (39. 2), 4, § 3-4 ; rappr. *lex. Gall. Cis.*, 20. Dans Gaius, 28 E. P. (39. 2), 2, 29 et 32 et 19 E. P., *eod. tit.*, 20. Les m. mum. encourent de ce chef une responsabilité éventuelle.

(5) Pour minorité d'ordinaire. Scæv. (4. 4), 39 ; (18. 5), 9 ; (12. 6), 67, 4. Gaius, 4 E. P. (4. 7), 3, § 4 *(alien. jud. mut. causa),* 23 E. P. (29. 2), 57, § 1. Macer, 1 Off. Præs. (29. 2), 61 ; (4. 4), 43. Au C. J. Anton. (2. 24 ou 25), 1. Alex (2. 33 ou 34), 1 (dol), (2. 36 ou 37), 2 (8. 29 ou 30), 1 pour dol. Gord (2. 52 ou 53), 2.

c'est là un pouvoir qui appartient, dit Ulpien, à tout magistrat *pro jurisdictione sua* (1). Quant au préteur et au *praeses*, dans les cas prévus par leur Edit (2), ils se réservent de tenir pour non avenu tel acte régulièrement accompli, et accompli par eux-mêmes peut-être (3).

Mais l'action est la voie la plus ordinaire par où prennent fin les *controversiae*; les divers moyens précédents, bien loin de l'exclure, ne font eux-mêmes qu'y conduire le plus souvent, car le magistrat, chose notable (4), en cas de violation de l'ordre par lui donné, ne songe point à user de contrainte : il délivre une action. Or, de tradition, l'action requiert à Rome le concours d'une activité estimée différente, l'activité d'un *judex*.

Diocl. (2. 26 ou 27), 4 et 5 ; (2. 21 ou 22), 4 ; (2. 42 ou 43), 3 et 4 ; (3. 37), 4. Cfr. Charvet, *Evol. de la rest. des majeurs*, 1920.

(1) Ulp., 2, Ed. (4. 4), 16, § 5.

(2) Au iiie siècle il faut ajouter : et non écartés par les lois ; pas d'i. i. r. possible *contra libertatem* Val. et Gall. (2. 30 ou 31), 3, ni pour le mineur qui a obtenu la *venia aetatis*. Aurel. (2. 44 ou 45), 1.

(3) Ulp., 2 Off. Proc. (4. 4), 42. Cfr. Paul (34. 2), 35, § 1, pour minorité. — C. J. Sev. et Ant. (2. 43 ou 44), 1. Gord. (2. 26 ou 27), 2 pour quest. d'état.

(4) Cfr. Girard, *Man.*, p. 1085.

CHAPITRE III

LE « JUS DANDI JUDICEM »

§ 1. — *Jurisdictio* et *Judicatio*.

15. — *Dare judicem* : c'est assurément une prérogative traditionnelle du magistrat romain investi de la justice civile ; les textes l'attestent de la République jusqu'à Dioclétien. Mais, non moins assurément, le sens dc cette prérogative n'est pas demeuré identique : il s'est profondément transformé au cours du temps.

A l'époque républicaine et encore au début de l'Empire, la *judicis datio* ne se confond pas à proprement parler avec la *jurisdictio*; elle constitue une notion distincte, complémentaire (1), car par nature la *jurisdictio* intéresse seulement les plaideurs qui devant le magistrat *in jure* ont à se mettre d'accord afin de lier le procès sur les bases d'une *formule* dont elles empruntent les diverses clauses à l'Edit. La *Datio judicis* fait intervenir un nouveau personnage, *privatus* à la vérité, choisi par

(1) Cfr. Cuq, *Dict.*, v° *Jurisdictio.* Wlassak, *Iudikations bef.*, p. 58, n° 36, p. ex. Lex Anton. de Termes. Lex Jul. Agr., C. 3. Lex de Gall. Cis, C. 20 : « ita jus dicito judicio dato judicare que jubeto cogito ». Fragm. d'Este « jurisdictio jùdicis arbitri recuperatorum datio addictiove ». Lex Col. Gen. Jul., 105. Lex Malac., 65.69. Sur ces divers textes, Wlassak, *op. cit.*, chap. III à V.

les parties elles-mêmes ou du moins désigné par le sort : ainsi ce *judex* est en quelque sorte l'homme des plaideurs plus que du magistrat. Mais aussi, *privatus*, il est investi d'une charge publique, obligatoire : le soin de juger, la *judicatio* : or, un tel *munus judicandi* (1) d'un particulier ou de certains particuliers suppose nécessairement chez le magistrat le *jus dandi judicem*, le droit de conférer le *munus*. Il n'appartient qu'à un magistrat de dire à un citoyen : *judex esto*, sois juge. A cette condition, il y aura, plus qu'un compromis d'arbitrage, justice publique et chose jugée.

Instituer tel juge déterminé, attester par là le caractère public *et* officiel de sa mission, tel est sans doute le sens du Décret *judex esto* (2). Du moins, à Rome, entre citoyens romains et en cas de renvoi à un *judex unus* (3), serions-nous tentés d'ajouter. Car de la sorte, et de la

(1) P. ex. Suét. Aug., 32. Cfr. Pline, VI, 2 : « quotiens judico, quod vel sæpius quam dico... ».

(2) Et de l'ordre de juger distinct de la formule que, M. Wlassak paraît l'avoir démontré, le juré recevait du magistrat (*judicare jubere* des lois municip. et de la *Lex Jul. Rep.*, 48, 11, 7). Cfr. Processges, II, p. 56 en note et *Iudikations befehl*, 1921. Une pièce relative à l'organisation pratique du litige semble d'ailleurs indispensable. Toutefois, noter que cette pièce n'a pas sa raison d'être en elle-même. Si le magistrat peut donner l'ordre, c'est parce qu'il y a eu accord des parties et sur la personne du juge et sur l'objet du débat, donc parce qu'il y a formule. M. Wlassak, à dire vrai, conçoit, du moins en province, une formule sans juré.

(3) Tenir compte en effet du recours, même entre citoyens romains, à des récupérateurs introduits d'abord en vue des procès entre citoyens et pérégrins.

sorte seulement, le *judicium* se présente comme étant *legitimum* (1).

A Rome, les citoyens romains trouvent un tribunal, une juridiction qui leur est propre, le Tribunal du préteur Urbain (2), et de plus la Procédure devant ce tribunal est introduite par des lois : en particulier la *Lex Julia judiciaria* du temps d'Auguste (3). C'est donc de la loi même que découle l'office du juge (4) ; c'est la loi

(1) Cfr. Wlassak. Processges, II, Chap. V. Ol. Martin, trib. des Centumvirs, 1904, p. 124.

(2) *Prætor qui inter cives jus dicit*, par opposition au *Prætor qui inter cives et peregrinos* jus dicit. Cfr. sur ces titres, Mommsen, III, p. 225, n° 1. C'est le criterium de la *Personarum conditio* dégagé par la paraphrase d'Autun, n° 97, et que d'ailleurs Gaius lui-même met bien en relief : « *interveniente perigrini persona judicis aut litigatoris* », le *judicium* ne peut être qu'*imperio continens*, hors du domaine de la Lex.

(3) Que dans la pensée des Romains de l'Empire, le qualificatif *legitimum* se réfère spécialement à la *Lex Julia*, ce nous semble résulter directement de Gaius, IV, 104. « Legitima sunt judicia quæ... eaque e *lege Julia judiciaria* nisi in anno et sex mensibus judicata fuerint expirant ». Il est notable que c'est cette loi même qui a aboli définitivement la *Legis actio* (Gaius, IV, 30 : per legem Æbutiam et duas Julias *sublatæ sunt* istæ legis actiones) et consacré entre citoyens romains la pratique des formules (effectumque est ut... per formulas litigemus). De fait, divers textes représentent le *legitimum judicium* classique comme la suite de la *Legis Actio*. Cfr. Gaius, 1. 184 « post sublatas legis actiones... placet adhuc in usu esse si legitimo judicio agatur ». Ulp. Reg., XI, 24 « qui lege aut legitimo judicio agere vult ». XI, 27.

(4) Le terme d'*officium* a d'ailleurs une acception très large ; cfr. *Lex, Jul. rept.* (48. 11) 1 : « in magistratu curatione legatione vel quo alio officio munere ministeriove publico ». On l'applique aux divers magistrats (officium præsidale, p. ex. Paul

qui en détermine la durée : il prend fin, sans doute par
le prononcé de la sentence (1), et en toute hypothèse,
par l'expiration du délai de 18 mois, 1 an et 6 mois,
dit-on exactement, comme pour souligner l'autonomie
du juge en face du Préteur Urbain dont l'*imperium* est
annuel. On ne saurait mieux marquer que, dans la pure
conception romaine, magistrat et juge ont une activité
d'un ordre essentiellement différent. Mais il n'est de
legitima judicia qu'à Rome (2).

Hors de Rome, *militiae*, comme on disait autrefois (3),
la tradition est de s'en remettre d'abord à l'*imperium*
du magistrat. Ainsi l'accord des parties, pour lier
l'instance devant tel juge donné (*accipere judicium*) (4),

Sent, 1, 6 a 4). On l'applique aussi aux juges (Cfr. Pernice, Arch.
Giur., p. 145, n° 3). L'*Officium* désignera parfois les services ;
d'où *officiales*. Il n'y a donc pas là un criterium permettant de
reconnaître le juré formulaire.

(1) Cfr. Ulp., 51, Sab. (42. 1), 55 : « iudex postea quam semel
sententiam dixit postea judex esse desinit ». Rappr. (4. 8),
20 Gaius. Cfr. Wlassak, *Iudikations Bef*, p. 226.

(2) Conclusion repoussée par M. Wlassak, selon lequel l'une
des deux *leges Iul. Jud.* est relative aux procès intentés dans les
cités de citoyens (*Processges.*, II, p. 234, 237). Gaius ne se serait
pas expliqué à cet égard parce qu'il s'attachait aux procès
devant les seuls magistrats de l'Empire (p. 235, 275). V. aussi
Iudikations bef., p. 185.

(3) V. encore dans Tacite, l'opposition classique : « Domi res
tranquillæ... ». Ann., 1. 3.

(4) Cfr. Wlassak, v° Accipere judicium dans Pauly-Vissowa, I.
Expression que l'on trouve p. ex. déjà dans le Snc. de Thisbocis
(584-170) « de ea re, si iudices accipere vellent, iis iudices dan-
dos esse censuerunt » (dans Bruns, I, n° 37) et qui a survécu
aussi au système formulaire. V. *infrà*, note 4, p. 108.

sera rendu efficace non par la Loi, mais par le magistrat lui-même. Et la conséquence est immédiate : de même que, par son Edit, le gouverneur ne saurait empiéter sur l'année de son successeur (1), de même les *judicia* organisés en province n'ont de valeur juridique qu'autant que dure l'*imperium* de celui qui les a *ordonnés* (2). Ici Gaius lui-même met l'accent sur l'acte d'autorité dont procède uniquement le *judicium* (3).

16. — Il est vrai que la *Lex Provinciae* peut contenir sur ce sujet des dispositions qui s'imposent aux gouverneurs successifs. La *Lex* : entendons d'ailleurs, non pas une mesure émanant des comices, mais bien un *décret* qui, en dépit de son autorité exceptionnelle, repose sur l'*imperium* (4). A cet égard, les Verrines de

(1) Cfr. Cicéron, *In Verrem Act. sec.*, I, 42.

(2) Gaius, IV, 105 : « In eadem causa sunt quæcumque extra primum urbis Romæ miliarium tam inter cives romanos quam inter peregrinos accipiuntur. Ideo autem imperio contineri judicia dicuntur, quia tandiu valent quamdiu is qui ea præcepit imperium habebit ». C'est la considération *ex loco* de Gaius d'Autun, n° 97. — De là l'exception *rei judicatæ vel in judicium deductæ*. Gaius, IV, 107, également indiquée, sous le nom seulement d'*Exceptio Rei Iudicatæ* dans l'Ad. Ed. Prov., livre 30 (44. 2), 15 et 17. De fait, dans les hypothèses de ces textes, il eut été insuffisant de s'en tenir à l'idée de déduction en justice. Cfr. Girard, pp. 1058-1059.

(3) M. Wlassak va plus loin et veut que Gaius se réfère spécialement à l'ordre de juger et non pas à la délivrance de la formule (Wlassak, *Iudikat.*, p. 146).

(4) Cfr. Wlassak, Processges., II, p. 136-137 qui rapproche de tels décrets de l'*Edictum tralaticium*. De fait, il semble que les clauses en étaient reproduites dans l'Edit de chaque préteur : Cfr. *in Verr. act. sec.*, II, 15 « quo die sese ex instituto *ac lege*

Cicéron offrent un exemple classique. Ainsi, les procès entre siliciens d'une même cité se devaient discuter dans cette Cité, et selon ses lois ; s'ils étaient d'une cité différente, le préteur avait à tirer au sort les juges. Il y avait *Datio judicis* en cas de procès entre un *privatus* et une cité ; également en cas de procès entre citoyen romain et sicilien : le juge devait être alors de la nationalité du défendeur. Pour les autres affaires, une liste de juges, citoyens romains du *conventus*, était arrêtée (1). Or, il est remarquable que Verrès, s'il

Rupilia dicas sortiturum ». Lorsqu'il y a intervention directe du Sénat, l'acte déborde le cadre administratif et prend un caractère international, dans la mesure où l'on peut parler de nation après la *redactio in forma provinc.* Cic., *ibid.*, III, 15, souligne la gravité des atteintes (Statuit iste...) non pas seulement à la *Lex Hieronica* (Loi d'Hieron maintenue par Rome) ou à la *Consuetudo superiorum (prætorum)* mais aux *jura Siculorum que habent a senatus populoque romano.*

(1) In Verr. act. sec., II. 13 : « Siculi hoc jure sunt, ut quod civis cum cive agat, domi certet suis legibus ; quod Siculus cum Siculo non ejusdem civitatis, ut de eo prætor judices ex P. Rupili decreto quod is de decem legatorum sententia statuit, quam legem illi Rupiliam vocant, sortiatur. Quod privatus a populo petit aut populus a privato senatus ex aliqua civitate qui judicet, datur, quum alternæ civitates rejectæ sunt. Quod civis romanus a Siculo petit, Siculus iudex datur ; quod Siculus a cive romano, civis romanus datur : ceterarum rerum selecti judices civium romanorum ex conventu proponi solent ». Cfr. Girard, Org. Jud., I, p. 330. Il résulte bien de ce texte que les *judices* du *conv.* sont seulement des cit. rom. On a soutenu l'idée contraire, car Cic. dit plus bas : « de conventu ac negotiatoribus nulli judices » ; par *negotiatores*, seraient visés les cit. rom. ; par *convent.* les pérégr. (Degenkolb, *Lex Hieronica*, p. 23). V. la réfutation dans Carcopino, *La loi de Hieron.*, p. 148. Il semble d'autre

n'en faisait qu'à sa guise et savait imposer le juge de son choix (1), n'en prenait pas moins soin de désigner toujours un juge; il n'assumait point lui-même la *judicatio* : « ... quum prætor improbus det quem velit judicem, judex nequam et levis quod prætor jusserit judicet » (2). Au magistrat malhonnête, il faut un juge sans conscience ou sans caractère (3). Mais il faut un juge. On peut ajouter : il faut au moins la présence des deux plaideurs lors de cette *Datio judicis* (4), car le procès ne saurait se dérouler par défaut.

part que les decuries de jurés étaient établies par fors conventuels (*ibid.*, p. 164).

(1) Il est d'ailleurs difficile de savoir dans quelle mesure il y avait de la part de Verrès excès de pouvoir. « Selecti e conventu, aut propositi ex negotiatoribus, judices nulli : hæc copia, quam dico judicum, cohors, non Q. Scævolæ, *qui tamen de cohorte sua dare non solebat; sed C. Verris* » (*ibid.*). Mais le port sur la liste des jurés semble dépendre seulement du préteur. Verrès n'avait point les habitudes de Q. Mucius. Noter que Cic. se borne à dire souvent « *nova Edicta* » (I. 45 ; III, 15, etc.).

(2) *Ibid.*, II, 12. Cfr. Wlassak, Iudikations bef., p. 57.

(3) Cfr. ce qui est dit II, 30 de Minucius, *negotiator* à Syracuse.

(4) Cfr. II, 23 : « Nam Heraclius tum affuerat, quum primum dati sunt judices : de hoc qui, antequam in jus aditum esset, discessisset, putabant nihil agi posse ». Il est vrai que II, 24 : « Ostendit enim novo modo, si quis quid ab absente peteret, se auditurum » ; mais les *procuratores* de l'absent sont entendus et comme les demandeurs postulent « ut bona possidere liceat » ses amis « si quis quid peteret judicium se passuros, judicatum solvi satisdaturos esse dicebant ». Cependant il se peut que la procédure ne fut pas en tout identique à celle que l'on suivait à Rome. On connaît les particularités relatives à la citation in just. Partsch (Schriftformel, p. 101) estime que la formule sur

Bref, la distinction de la *jurisdictio* et de la *judicatio*, le renvoi de cette dernière à un juré ou à des récupérateurs (1), ne trouve sans doute en province aucun appui dans une loi (2). C'est une coutume, une tradition, mais quant au citoyen romain, de valeur constitutionnelle ; elle représente pour lui une garantie de même type que la *Provocatio ad populum* en matière pénale (3). Le magistrat du peuple, où qu'il se trouve, doit se faire un scrupule de l'en dépouiller (4). D'autant que, par la *lex Provinciae*, le Sénat a marqué le désir que le bénéfice en soit assuré aux pérégrins mêmes (5).

Mais, s'il en est ainsi, l'attitude des gouverneurs envers ce principe n'a-t-elle point dû se modifier, quand fut modifiée la Constitution ? C'est un fait que, sous l'Empire, on n'a point encore trouvé de traces d'une Procédure par jurés dans les provinces de César,

laquelle décim. et cultiv. faisaient l. c. ne contenait pas les noms des récupr. De fait, il se rencontre de tels cas (Duquesne, *Transl. Jud.*, p. 712). Mais, cette espèce de procès étaitt-elle tranchée par formule ? M. Wlassak y voit une procéd. admin. (Z. S. St., 1904, p. 138, n° 2).

(1) Sur le recours aux récupérateurs en province, qui semble le plus fréquent, cfr. Girard, *Mél. Gérardin*, 1907, p. 260, n. 2.

(2) Cfr. Wlassak, Processges., II, p. 344. Zum röm. Prov. proc., p. 14.

(3) Sur l'antiquité de cette tradition, Girard, Org. Jud., I, p. 77 s. Cfr. Partsch Schriftform., p. 91.

(4) Ainsi les consuls, dès lors que la *Prov.* fut introduite, cessèrent de prononcer la peine capitale.

(5) De la même manière, les pérégrins victimes de *repetundæ* trouvent accès aux *quæstiones perpet.* Cuq, Man., p. 850, n° 1.

alors qu'il a pu en être relevé dans celles du Sénat. Le *Legatus Augusti,* a-t-on dit, n'étant point lié comme le proconsul par la constitution républicaine, a imité la pratique de celui dont il tenait ses pouvoirs, l'empereur. Or, l'empereur, du jour où il intervint dans le domaine civil, n'a point usé d'un renvoi à des *selecti judices* : il a connu lui-même de l'ensemble des affaires ou bien désigné un juge qui, à tous égards, n'est que son commis, son délégué. Il est logique que la procédure par jurés ait pu continuer de recevoir application dans les seules provinces sénatoriales, pour se heurter d'ailleurs à la pratique nouvelle et reculer devant elle dans la mesure même où reculait le principe républicain (1).

Nous préférons cependant nous rallier à une manière de voir différente (2). L'opposition que l'on veut établir entre les deux catégories de provinces semble méconnaître le sens réel de cette division administrative. Il est vrai, à la tête de la province impériale se trouve seulement un *legatus Augusti* ; mais ce *legatus* l'est *pro praetore.* Pour être moindre, *minus,* le *majus* étant réservé au prince, son *imperium* n'est pas d'une nature différente de celui du Proconsul (*suprà,* n° 4).

(1) Surtout, Pernice, *Arch. Guir.,* p. 116, n° 5 et Partsch, Schriftform., p. 63-65 ; égal. p. 119. Fliniaux, N. R. H., 1923, p. 99 et s.

(2) Cfr. Cuq, C. R. de Pernice, *Rev. Crit. d'Hist.,* 1886, t. XXI, p. 206 ; Man., p. 888, n° 3. Wlassak, *Zum röm. prov.* p. 6 s. Boyé, *Denuntiatio,* p. 287, n° 21. Mitteis, C. R. de Wlassak dans Z. S. St., 1919, p. 360.

Et donc aussi la *jurisdictio* incluse dans l'*imperium* (*suprà*, n° 10) (1).

En réalité, bien plus que du droit, c'est du fait que la question doit relever. Vouloir transporter dans certaines provinces non civilisées, — de telles provinces dépendaient à la vérité, pour la plupart, de César — les pratiques judiciaires en usage à Rome ou dans le monde méditerranéen, eût été sot d'abord, impossible ensuite. La liberté reconnue au Gouverneur dans l'exercice de l'*imperium* lui donnait à cet égard toute facilité : à lui d'apprécier la capacité de ses administrés (2).

Le petit nombre des vestiges assurés de la procédure par jurés (3) dans les provinces sénatoriales elles-mêmes ne laisse pas en outre d'affaiblir le contraste que l'on relève avec les provinces impériales. L'un d'entre eux, et l'un des derniers certains, vise justement une ex-province du Sénat placée sous l'autorité d'un légat impérial. Or, ce changement de régime n'apporte aucune modification dans le système procé-

---

(1) Aussi Gaius peut-il parler d'une façon générale d'un *jud. imperio continens* et entendre par là notamment une action *in provinciis*, sans aucune distinction (Wlassak, *loc. cit.*, p. 10).

(2) Cfr. Vell. Pat., II, 117, le cas du trop fameux Varus en Germanie « mediam ingressus Germaniam, velut inter viros pacis gaudentes dulcedine, jurisdictionibus, agendoque pro tribunali ordine trahebat æstiva ». Cfr. Mitteis, Reichsrecht, p. 123. Aj. que les mandats du prince pouvaient prévoir la question.

(3) M. Wlassak (Zum Rom. Prov., p. 9, n. 16; p. 28, n. 33, v. aussi p. 35, n. 54) révoque en doute nombre des textes cités par Partsch, *op. cit.*, p. 111-120.

FALLETTI.   7

dural. Pline, légat de Trajan, agit en Bithynie de même que les proconsuls ses prédécesseurs ; il convoque des jurés (1). C'est, dit-on, que sa mission est exceptionnelle (2). Mais pourquoi vouloir qu'un légat régulier eût agi différemment ? De fait, ces modifications assez fréquentes apportées au statut d'une même province (*suprà*, n° 4) ne sont guère compatibles avec des transformations corrélatives dans la procédure (3).

17. — Mais nous venons de le faire entendre, l'important est qu'à partir de la seconde moitié du ii° siècle, on puisse hésiter dans bien des textes sur le sens qu'il convient de donner au terme *judex* (4). Il est clair d'ailleurs que le point de vue des juristes n'est d'aucune façon alors d'ordre politique. De même qu'ils aiment à mettre en relief la notion du droit indépendant de l'autorité exécutive (*suprà*, n° 13), de même en procédure, ils visent à établir une théorie générale

(1) Pline à T., X. (58), 66 : « Cum citarem iudices, domine, conventum inchoaturus, Flavius Archippus Vacationem petere cœpit ut philosophus. Fuerunt qui dicerent non liberandum eum iudicandi necessitate sed omnino tollendum de judicum numero reddendumque pœnæ... » ; rappr. pour Rome, *ibid.*, IV, 29 ; et en mat. crim. l'oratio de Claude, Girard, Textes, p. 135.

(2) Cfr. Partsch., *op. cit.*, p. 63. Pourtant, Pline sait bien qu'il n'a pas la qualité de proconsul ; cfr. X, 72 (77) où il ne croit pas pouvoir *cognoscere secundum exempla proconsulum*, car le s. c. « de iis tantum provinciis loquitur, quibus proconsules præsunt ». Et il consulte le prince.

(3) Cfr. Wlassak, *Zum ræm. Prov.*, p. 9, n° 15.

(4) Le mot datus est naturellement insuffisant. V. p. ex. un texte du ii° s. où il est pris comme équivalent de *concessus* (Javol, 2. 1, loi 2). Cfr. Perrot, *Appel dans l'ordo*, p. 38, n° 1.

du *judex* ou de la *res judicata*. « Celui, écrit Ulpien, qui ne préside point à la *jurisdictio* ou n'a pas été investi par le prince d'une certaine *potestas*, ou n'a point été donné comme juge par un titulaire du *jus dandorum judicum*, ou n'a pas été pris à la suite d'un compromis, celui-là n'a pas pu être un juge » (1). Et Paul : « A force de chose jugée ce qui l'a été par ceux qui ont l'*imperium* et la *potestas* ou par ceux qui *ex auctoritate eorum* sont donnés entre les parties, également par les magistrats municipaux dans les limites où ils peuvent dire le droit également par ceux qui sont demandés *extra ordinem* à l'empereur. Mais le juge pris sur compromis ne peut communiquer le caractère de chose jugée à sa sentence » (2). Des causes de

(1) Ulp., 5, Opin. (5. 1), 81 : « Qui neque jurisdictioni præest, neque a principe potestate aliqua præditus est neque ab eo qui jus dandorum judicum habet, datus est, nec ex compromisso sumptus, vel ex aliqua lege confirmatus est judex esse non potuit ». Le souci d'Ulp. de définir ainsi d'une façon précise le *judex* s'explique par les conditions mêmes de l'époque (*infrà*, n. 31) : notre fr. se trouve d'ailleurs au livre 5, consacré à la *metus* (sur cette place, cfr. Girard, Mélanges, I, 272, n. 2). Il va jusqu'à comprendre l'arbitre (v. d'ailleurs Paul, 4. 8. 1) dont la sentence n'a pourtant pas force de chose jugée (Paul ci-dess. et Ulp. lui-même 4. 8. 2) ; noter aussi pr. la diff. entre arbitre et juge Paul (4. 8), 32. Aussi bien l'idée d'assimiler arbitres et juges (les uns et les autres pouvant être d'ailleurs d'espèces différentes, sur accord ou sur commission) se marque déjà dans Gaius, 5 E. P. (4. 8), 6 et (2. 8), 9.

(2) Paul Sent, 5, 5 a 1 : « Res judicatæ videntur ab his qui imperium potestatemque habent vel qui ex auctoritate eorum inter partes dantur ; itemque a magistratibus municipalibus usque ad summam qua jus dicere possunt ; itemque ab his qui

nature variée sont assurément rassemblées ici (1) : *jurisdictio* et *judicatio* tantôt ne font qu'un ; tantôt, sont distinctes. Et cela même, en dépit de l'état fragmentaire où les textes s'offrent à nous, est un signe que des distinctions apparemment fondamentales autrefois cessent d'être estimées telles (2). On les retient sans doute encore ; dans quelle exacte mesure, nous ne savons guère ; en tout cas, il existe un point de vue d'où elles se réduisent. On les retient : un *jus dandi judicis*, ne continue-t-il pas d'être affirmé ? *inter partes*, précise Paul ; *in lite privatorum*, avait dit Papinien, comme aussi Caracalla ; *inter privatas personas*, dira Gordien (3) : preuve qu'en matière civile tout spécialement, la tradition du renvoi de l'affaire à un juge se maintient. Cela est si vrai qu'Ulpien, sans souci d'une nuance autrefois apportée (*suprà*), voit

ab imperatore extra ordinem petuntur. Ex compromisso autem judex sumptus rem judicatam non facit ».

(1) Cfr. pour le cas des mag. munic. Wlas., *Iudik. bef.*, p. 178.

(2) Aussi bien d'un point de vue général et rationnel, elles ne présentaient aucun caractère de nécessité. D'où le langage de Cicéron (De Leg., III, 3 : juris disceptator qui privata judicet judicarive jubeat prætor esto). Cfr. Wlassak, *Iudikat.*, p. 57. — Tac. : Orat., 5, « antequam me judicem Aper recuset, faciam quod probi ... judices solent ut in iis cognitionibus se excusent .. ». De fait, les juristes parlent souvent du *judex* qui *cognoscit*, qu'il s'agisse d'un juré (p. ex. sans doute Gaius, 10. 2. 1. 1) ou d'un *judex datus ab imperatore* (Ulp. 4. 4. 18. 4).

(3) Pap. 19, Resp. (49. 1), 23, pr. C. J. Ant. (3. 13), 1. Gordien (3. 3), 1. Toutes précisions données à propos du *Procurator Cæsaris* qui, à moins d'être *vice-præsidis*, n'a pas le *jus dandi* en mat. civ.

dans la *licentia judicis dandi* l'attribut essentiel et
comme le tout de la *jurisdictio* (1). Ce *jus dandi*, on a
soin de le reconnaître, suivant la tradition, au magistrat : celui qui ordonne de juger doit être magistrat,
affirme Ulpien (2), et Paul à l'instant classait séparément les *judices* désignés *ex auctoritate* des titulaires de
l'*imperium* et *potestas* (3), et ceux qui sont demandés
à l'empereur *extra ordinem* (4). La *datio judicis* fait

(1) Ulp. 2, De Off. Quæst. (2. 1), 3 : « Jurisdictio est etiam judicis dandi licentia ». Rappr. 1. Reg. *eod.* loi 1. Toutefois, Leifer,
p. 123, attribue la première formule aux comp.

(2) Ulp. 51, Sab. (2. 1), 13, pr. Texte qui « ne balance pas »
remarque Wlassak (*Iudikat.*, p. 71, n° 29) et peut être incomplet.

(3) *Auctoritas*, terme qui comporte une nuance d'ordre moral
et exprime l'idée de garantie, de crédit ou de considération due.
Aussi l'applique-t-on à la loi (C. J. 9. 9. 4), au droit (C. J. 2.
4. 8), aux constitutions, rescrits, privilèges (C. J. 2. 42. 3. Epist.
ad Tyran. Bruns, 89), à la chose jugée (*infrà*, n° 24). On parlera encore de l'*auctoritas* du peuple romain (Gaius, I, 98 ; II, 7 *a*),
du Sénat (Tac., Hist., I, 19) ; le Sénat lui-même rendra des s. c.
ex auctoritate principis. Le juge de l'act. d'inj. n'ose modifier la
cond. *propter prætoris auctoritatem* (Gaius, III, 224). En droit
privé, l'*auctorit. tutoris* répond aux mêmes idées. Ce qui ne veut
pas dire qu'*auctoritas* ne corresponde pas au mot « autorité »
dans son sens concret. Par ex. fixation de limites en province,
ex auctoritate du prince (par ex., CILXII, 113 : « Ex auctor.
Vespas. leg. eius pro pr... inter Viennenses et Ceutronas ». Cfr.
Hadr. au Proc. de Macéd. dans Dessau, 5947 *a*). Mais chaque
mag. a son *auctoritas* ; précisément dans les rescrits, ce terme
s'emploie volontiers là où l'on eût pu dire *imperium. Auctoritas
judicis* est plus rare et vise, semble-t-il, le juge administratif
(Paul Sent., 5. 26. 4 ; Cfr. Gaius, 12. 2. 1, où il est interpol.).

(4) Cfr. pour ceux-ci, eot. CIL. V, 532 (Dessau, 6680). « Statue
élevée par la curie et plèbe de Trieste à Fab. Sev., qui protégea
sa *patria* « interim apud judices a Cæsare datos, interim apud

partie, constate aussi Paul, de la *vis imperii* (1). Mais ces *judices* sont-ils tous de qualité identique ; les peut-on considérer encore comme des juges *privati* ? Non pas nécessairement, puisque, parmi ceux qui les donnent, figurent des magistrats anciens ou récents, pour qui ne se pratique jamais le renvoi aux jurés (2) : à coup sûr, en ce qui les concerne, il ne s'agit que de juges simplement commis, ne puisant leur autorité

ipsum imperatorem causis publicis patrocinando ». V. aussi, Front., *Epist. ad Pium*, 8.

(1) Paul, 17, Ed. (5-1), 12, § 1 : « Judicem dare possunt, quibus hoc lege vel constitutione vel senatus consulto concęditur. Lege sicut proconsuli ; is quoque cui mandata est jurisdictio judicem dare potest, ut sunt legati proconsulum, item hi quibus id more concessum est, propter vim imperii, sicut præfectus urbi, cæterique Romæ magistratus ». Mr. Wlassak considère à vrai dire qu'il ne s'agit là que de la dation d'un juge commis avec ou sans form. Les *magistratus* visés sont ceux qui statuent *extra ordinem* (*Iudikat.*, p. 201-203). Remarquer cependant la généralité de l'expression : « is cŭi mandata est jurisdictio » ; le terme « more » qui se réfère au vieil ordre républicain (Wlassak, Processges., II, p. 338, n° 27). Il est dès lors singulier que soit exclu celui qui est le type du juge privé, selon cet ordre. L'expression *vis imperii* est moins technique. Elle se rencontre, par exemple chez Tacite ; mais en liaison avec les attributs militaires du magistrat (Ann., IV, 2, « vim præfecturæ » ; IV, 15, « vim prætoris usurpare », mais XIII, 28 : « jus prætorum et consulum præripere »).

(2) Cfr. Gell., XII, 13 : « Cum Romæ a consulibus judex extra ordinem datus pronunciare intra Kalendas jussus essem ». Cfr. XIII, 24 : « Consulem ... causas pro tribunali cognoscentem ». Le même Gell., XIV, 2 était inscrit sur la liste des jurés : « lectus in judices sum ut judicia quæ appelluntur privata susciperem ». — Wlassak, *Iudĭkat.*, p. 59.

que dans cette commission (1). Signe encore du point
de vue qui, d'abord, préoccupe les jurisconsultes. Ils
considèrent avant tout la compétence, le pouvoir juridique de faire : qui est juge ? qui peut donner un juge ?
demandent-ils. Ensuite, pourront être marquées les
nuances nécessaires entre les diverses sortes de
juges (2).

Assurément une telle tendance de la doctrine, —
disons de la pratique (3) : l'une et l'autre ne sont pas

(1) Rappr. en provinc. les *judices dati* afin de trancher des controverses de limites entre cités ou peuplades, p. ex. C. I. L. III,
9864 *a* (entre 32-38 de J. C.) : « L. Arruntius ... leg. pro. pr.
C. Cæsaris Aug. germanici iudicem dedit M. Cælium centurionem
leg VII. inter Sapuates et Lamatinos ut fines regeret et terminos
poneret ». — III, 9938, III, 9832 : « centuriones judices dati ex
conventione leg propr. ». Il arrive d'ailleurs qu'il y ait *cognitio*
directe : Girard, Textes, p. 180. Dessau, 5948 : « ... terminos posit
jussu... leg pro prætore ex sentencia quam is athirito consilio
dixit », etc. — On peut noter d'ailleurs telle hypothèse où le
moyen formulaire a disparu en province devant une voie administrative. Dans la deuxième moitié du iie siècle, un rescrit relatif à l'Afrique réprime par amendes ou par châtiment corporel
deux délits pour lesquels l'Edit donnait les formules civiles de
pastu et *de pauperie* (Cfr. Ann. Epigr., 1903, n° 202 et Cuq, Man.,
p. 568, n. 4 ; dans un sens différent, Girard, Man., p. 405, n. 1).

(2) La trace des jurés se suit à Rome jusque dans la deuxième
moitié du iiie siècle. Cuq, Man., p. 888, n. 4.

(3) Sur le déclin insensible de la procéd. par jurés. Cfr. Wlassak, Processges., II, p. 346. Parmi les textes incertains, outre
ceux qui seront cités par la suite, cfr. C. J. Alex. (3. 42), 1 en
222, que Parstch (*Schriftformel*, p. 117) estime plutôt extraordinaire — (5-51), 5. Gord. en 238, que le même auteur estime formulaire en raison du renvoi très net de la cond. à un *judex*. —
Gord. (3. 36), 7, formul. selon Partsch (p. 118). Cfr. Wlassak,

si distinctes à Rome — mérite d'être relevée. Son effet naturel n'a-t-il pas été d'affaiblir la position du juré, originale à tous égards? Tandis qu'à l'inverse elle profitait au juge commis statuant au nom d'autrui, dont la mission a paru néanmoins tout comme celle du juré une application du *jus dandi judicis*, cet apanage traditionnel du magistrat.

Les deux traits suivants peuvent, croyons-nous, caractériser la mission du juré : une *formule* le saisit, par où se marque l'accord des parties et sur l'objet du débat et sur la personne apte à le résoudre ; dans ces conditions, il porte une sentence *sans appel*.

§ II. — *La Formule et l'Instruction administrative.*

18. — Si les témoignages relatifs à la composition des listes de jurés en province (1) sont rares, on peut

Zum Rœm. Prov., p. 29, n° 33 ; Boyé, *Denuntiatio*, p. 296, n. 43 et 297. Dans Alex. (8. 27 ou 28), 5, le *dare arbitrum* se réfère certainement à une commission. — Cfr. encore Sév. et Ant. (3. 8), 1 en 204 qui vise une *cognitio* directe par le *Præses*, en mat. de pét. d'héréd.

(1) CIL, X, 5393 : « Q. Decio Saturnino ... præf. fabr. i. d. et sortiend. iudicibus in Asia » (sous Tibère). A la vérité, on rencontre plus souvent des provinciaux introduits dans les listes de Rome, ce qui d'ailleurs n'était pas possible dans les premiers temps de l'Empire (Cfr. Wlassak, *Processges.*, II, p. 193) : ainsi CIL, X, 7518 : « adlecto in quinque decurias et inter sacerdotales prov. Sard ». — Gsell, *inscr. lat. de l'Algérie*, 1922, n° 132 : « Allectus in ordinem Hipponensium Regiorum, allectus in quinque decurias ab imperatore Hadriano ». Pour expliquer cette rareté des

du moins rappeler les textes parfois tardifs et de portée
générale, visant le *munus publicum* constitué par la
charge de juger (1) ; et c'est Paul lui-même qui ayant
indiqué les magistrats titulaires du *jus dandi judicis*,
tel le Proconsul, range la judicature parmi les *civilia
officia* (2) et applique à ce cas particulier les règles
ordinaires du Droit Public : il importe peu que le titulaire soit *in potestate* ou *sui juris* (3). Mais, en dépit du
rappel des *Leges Juliae* fait à ce sujet par Ulpien (4),
l'indice que l'on pourrait voir dans cette expression
devient de moins en moins sûr. Le socialisme, qui
s'instaure dans les cités fait de tout habitant un

mentions relatives aux jurés provinciaux on dit d'ordinaire que,
dans les cités de cit. ou les cités lat. (argt. *lex Salp.*, 28), la
liste du Sénat local constituait aussi la liste des jurés. Il a pu du
reste y avoir des exceptions (Cfr. Cuq, *Man.*, p. 813, n° 1).

(1) Paul, 16, Plaut. (5-1), 78 : « Quippe judicare munus publicum est ». Cfr. 11, Ed. (4. 5), 5, § 2 : « per (cap. dem) publica
jura non interverti constat, nam manere magistratum, vel sena-
torem, vel judicem certum est ». — Ulp., I, Sab. (50. 17), 2,
Pr. — Modestin, 2, Excus. (27. 1), 6, § 8 : « philosophos...
immunes esse ... et neque judicare neque legatos esse ... neque
ad alium famulatum eos cogi ». On sait que Modestin qui a
habité en Dalmatie et a même écrit son *De Excus.* en grec considère le plus souvent les provinces (Krüger : *Sources*, p. 302). —
Gordien, C. J. (3. 1), 5 : « munus judiciarium » appliqué même
à un *judex datus a principe*.

(2) Paul, 17, Ed. (5. 1), 12, § 2. Texte où M. Girard voit l'énoncé
de conditions générales de capacité (Man., p. 1025, n. 2) et que
M. Wlassak applique, de même que le § 1, aux seuls juges commis (ludikatlonsbef, p. 201).

(3) Paul, eo d. loc., § 3. Cfr. Africain au ii° siècle (5. 1), 77.
Gaius (4. 8), 6.

(4) Ulp., De Off. Præt. Tut. Vat. 197.

fonctionnaire, un commis (*suprà*) ; il n'y a plus à chercher de juré privé, choisi librement par les parties (1). En revanche, il est un terme, d'ailleurs assez rare dans les textes des derniers jurisconsultes classiques, qui ne permet point de douter de la qualité du juge (2). Le *judex pedaneus* ne peut être qu'un subalterne, un agent inférieur. Or, du *judex pedaneus*, on dit aussi qu'il est *datus* (3).

Du moins peut-on dire, à de tels délégués, à de tels subalternes, une instruction pourra être remise par leur supérieur ; mais les formules doivent être ici hors de cause. Ainsi le recours à une formule révèlerait le sens du mot *judex*. De fait, du commentaire *ad Edictum Provinciale*, où il est question d'actions promises par le proconsul, de *translatio judicii*, d'exceptions et répliques, on avait cru pouvoir conclure à l'existence de jurés, dans la ou les provinces considérées par Gaius (4). — Toutefois, juré et formule sont-ils à ce

(1) Cfr. Arcad. Charis, I, de Mun. Civ. (50. 4), 12 pr.

(2) Paul Sent., 5. 28. 1. Ulp., 6 Ed., I, § 6. 5 Ed. (2. 7), 3, § 1. 9 ad. 1. J. P. (26. 5), 4 où Wlassak (*op. cit.*, p. 229, n. 105) l'estime interpolé. Bethmann-Hollweg, *Ræm. Civilproc*, II, 1865 voyait ici encore un juré, le terme *pedaneus* marquant toutefois la dégradation de l'institution. Cfr. Cuq., Man., p. 888, n. 5.

(3) Diocl. (3. 3), 2 et (3. 3), 4.

(4) Pernice, Arch. Guir., p. 145, n. 4 et 5 s'attache surtout à (9. 4), 15 ; (3. 3), 48 ; (5. 3), 10, § 1 ; (10. 2), 1, § 1. V. aussi formule de l'action *quod metus causa* et *judex apud quem ex edicto agitur* (4. 2), 10 et (50. 16), 22 (Lenel, Pal. 95. 97).

point indissolubles ? Celle-ci ne peut-elle être conciliée
avec le renvoi des plaideurs devant un délégué ou
même la connaissance directe par le magistrat? On
sait que, récemment, M. Wlassak l'a enseigné (1).
Suivant dans le temps et dans l'espace l'intervention
du magistrat en matière civile, il croit voir au milieu
du iie siècle se scinder en province les deux éléments
par où, selon lui, elle se manifeste : d'abord délivrance
de la formule, sur laquelle les parties font *litis contes-
tatio* ; puis ordre (*praeceptum, jussum*) donné au juré de
juger les litiges dont la formule a fixé les termes.
Voici en effet que ce commandement cesserait de
s'adresser à un juré sur le nom duquel les parties
auraient eu, d'une façon ou d'une autre, à se mettre
d'accord. Il se présenterait en tout comme l'acte du
supérieur à l'inférieur, car le gouverneur, de par son
libre *imperium,* se serait réservé de désigner qui,
fonctionnaire ou bien *privatus* astreint au *munus,* devra
juger. Ce n'est donc point assez de parler de substitution du juge commis au juré. Le juge commis pénètre,
au lieu du juré, jusque dans le mécanisme formulaire.
Reste à savoir si celui-ci est ainsi fait qu'il puisse
supporter pareille intrusion.

(1) Wlassak, *Zum ræm. prov.*, 1919, p. 29. Sans doute écarte-
t-il aussi un rescrit d'Ant. (3. 31), 1 en 170, sur l'extension du
Juv. aux pet. d'h. civ. — Cfr. De Francisci, C. R. de Boyé, *Den.
Arch. Giur.*, 1923, t. 89, p. 124. — Wenger, *Institutionen des
ræm. zivilpr.*, 1925, p. 255.

19. — Sans doute, on l'a noté dès avant cette controverse, « il n'y a point de textes qui permettent d'affirmer que l'emploi des formules ait été limité aux affaires tranchées selon l'*Ordo* » (1). Mais c'est là constatation purement négative ; d'ailleurs M. Wlassak se garde d'atténuer l'originalité de la formule, « ce texte contractuel (2) » ; il n'a en vue qu'une « étatisation » de l'*Ordo*. Et il invoque des preuves positives, qui ne semblent cependant pas déterminantes : à la vérité, les textes se dérobent et par là même se prêtent à tous les jeux de l'esprit. Nous nous bornerons (3) ici à noter deux fragments (4), classiques en la matière,

(1) Boulard, *Les instructions écrites du mag. au jug. comm. de l'Egypte rom.*, 1906, p. 6 en note.

(2) Wlassak, *op. cit.*, p. 4, n. 1. Aussi bien, les juristes soulignent parfaitement cette originalité. Si réservés qu'ils soient en fait de généralisation et bien qu'ils s'attachent aux formules (*litigare per formulas*) nullement à la formule abstraite, du moins ils conçoivent un moule commun à toutes les formules (*partes formularum*). De même, ils disent « lege agere quinque modis » (Gaius, IV, 12) : rappr. les *genera interdictorum*. Cfr. Wlassak, *Die Klassische Prozessformel*, 1924, I.

(3) On trouvera une discussion plus approfondie dans l'étude si remarquable de M. A. Boyé sur la *Denuntiatio* (exposé p. 280 s., réfutation, p. 287 s.).

(4) M. Wlassak, *op. cit.*, p. 25, s'appuie aussi sur les circonstances accompagnant la dation du juge dans certains rescrits du C. J. Cfr. à cet égard Boyé, *op. cit.*, p. 294. Ainsi les expressions *accepto judice familiæ erciscundae experire* (Ant. 3. 8. 2) ou *ex stipulatu tibi actio competit et judice accepto experire* (Sév. et Ant. 7. 53. 2). En raison du *judice accepto.*, ces textes sont rapportés en général au syst. form. (Partsch., p. 117. Boyé, *l. cit.*). M. Wlassak y voit de plus dation d'un juge commis. Il

dont on a pu d'ailleurs tirer les conclusions les plus opposées. Le second texte de Callistrate dérive nettement du premier, extrait de Julien, et que voici : « J'ai souvent entendu César (Hadrien) dire qu'une réponse écrite ainsi conçue « Tu peux t'adresser à celui qui gouverne la province » n'impose point au Proconsul ou à son Légat ou au *Praeses* la nécessité de se charger de la connaissance de la cause ; il revient au Gouverneur d'estimer s'il doit connaître ou donner un juge » (1).

Posant en principe qu'il n'est point délivré de rescrits dans les hypothèses où l'Edit prévoit des formules, on écartait généralement ces textes du domaine formulaire (2). M. Wlassak s'est élevé contre cette conclusion : la brièveté du rescrit, observe-t-il notamment, porte plutôt à croire qu'il s'agit de questions

---

nous semble plus simple de les considérer comme franchement extraord. Le criterium *judice accepto* pour reconnaître un procès form. est des moins sûrs (Scæv., 25. Dig. 49. 1. 28 pr. — Ant. et Ver. *ap.* Pap. Just., *eod. tit.*, loi 21, § 1. — Ulp., 1. De app., *eod. tit.*, loi 1, § 3. — Cfr. Wlassak, p. 25, n° 25. Boyé, p. 296, n. 42). — Rappr. d'ailleurs Scæv., *loc. cit.*, § 2 « substituti tutores in locum legitimi tutoris experti cum eo tutelæ judicio, cum arbiter inique condemnavit... a sententia ejus provocaverunt ». De (7. 53), 2, rappr. Diocl. (2. 4), 32.

(1) Jul. 1. Dig. (1. 18), 8 : « Sæpe audivi Cæsarem nostrum dicentem hac rescriptione *Eum qui provinciæ præest adire potes*, non imponi necessitatem Proconsuli vel Legato ejus vel Præsidi provinciæ suscipiendæ Cognitionis ; sed eum æstimare debere, ipse cognoscere an judicem dare debeat ».

(2) Pernice, *Arch. Giur.*, 1886, p. 140-141. — Andt, *Proc. par rescrit.*, 1920, p. 114 s.

trouvant leur place dans l'Edit ; un rescrit plus détaillé eût fait double emploi avec les prescriptions de celui-ci. Il suffit donc que le consultant sache que sa demande est juridiquement recevable. D'autre part, l'alternative *Cognoscere, judicem dare* ne peut s'interpréter que comme un choix laissé au gouverneur ou de connaître ou de commettre un juge ; telle est bien l'opinion commune (1). Mais alors, qu'il y ait connaissance directe ou délégation, on se trouve en présence d'un juge administratif saisi par formule.

Le premier point nous semble fort acceptable (2). Il est normal que les plaideurs aient consulté l'empereur même sur des matières visées dans l'Edit, non moins normal que l'empereur, qui a fait codifier celui-ci (3), se borne à répondre dans les termes de nos fragments (4). Dans un rescrit où il innove, où il pose une règle de droit nouvelle, certes, il ne manquera pas de définir la tâche du Gouverneur, *quae sint partes*

(1) Wlassak, *Zum rœm. Prov.*, p. 20-21.

(2) M. André Boyé, p. 292, le repousse : les clauses en question sont plutôt extraites de rescrits « judiciaires », organisateurs d'instances, et de l'avis général incompatibles avec la délivrance d'une formule. Il souligne notamment le langage de Call. : *remittit negotia*, et insiste sur la pauvreté que présenterait la réponse impériale dans l'hypothèse contraire.

(3) On s'accorde pour admettre que les *Digesta* de Jul. sont postérieurs à la codif. de l'Edit : Girard, *La date de l'Edit*, 1910, p. 11, Cuq., Man., p. 21, n° 5.

(4) On observera pourtant que des rescrits peuvent renvoyer purement et simplement au *Præses*, même pour des mat. échappant à l'*Ordo*. Tel le célèbre rescrit de Scaptoparène en 238 (Girard, *Textes*, p. 205).

praesidis (1) ; quand il ne s'agit que d'appliquer le droit
en vigueur ces précisions sont superflues. Le rescrit
intéresse alors surtout le consultant. Mais, dit-on, le
renseignement donné est bien mince ; on peut estimer
le contraire : il n'est pas négligeable pour le plaideur
de savoir sa demande recevable, surtout dans un système juridique qui se garde d'accorder *de plano* à tout
intérêt même légitime une action pour le faire valoir.
— En revanche, le second point ne souffre-t-il pas
difficulté (2) ? Au vrai, à quoi tend la déclaration de
l'empereur ? Des Gouverneurs, interprètes zélés et scru-
puleux (3), avaient cru voir dans le rescrit que leur
présentaient à toutes fins utiles les consultants une
commission les invitant à juger en personne ; la pratique de ces documents était nouvelle (4) ; peut-être
agissant d'autre manière, allaient-ils déplaire au
prince. Hadrien s'explique et il lui faut s'expliquer
souvent. Il n'a nullement voulu charger le Gouverneur
de la *Cognitio, suscipere cognitionem* (5). Non : l'objet

(1) Cfr. Ulp. Coll. (3. 3), 1 : « Si dominus... quæ sint partes
præsidis ex rescripto divi Pii ad Aurelium Marcianum proconsulem Bæticæ manifestatur ».

(2) V. en ce sens, Kübler, *Berl. Phil. Wochenschr.*, 1920,
p. 414. En sens contr. outre M. Wlassak, Pernice, p. 141. — Andt,
proc. par rescr., p. 122. Boyé, p. 291, n. 30. Fliniaux, R. H. D.,
1923, p. 99 en note. — On fait valoir surtout la place de *cognoscere*
avant *judicem dare*.

(3) Cfr. Ulp. 9, Off. Proc. (48. 19), 6 pr. : « Et sunt plerique
præsidum tam timidi .. ».

(4) Cfr. Cuq, *Conseil des Emp.*, p. 337.

(5) *Suscipere* marque l'acte propre, l'acte que l'on prend sur
soi. Cfr. Wlassak, dans Pauly, Wis., II, 1901, Col. 247.

du rescrit n'est pas là. Le rescrit ne doit modifier en rien ce qu'eût fait naturellement le Gouverneur, saisi aussitôt de la requête. A cet égard, tout Gouverneur qui connaît sa fonction sait ce qu'elle lui dicte : *Cognoscere,* en effet, peut-être, mais seulement peut-être, par exemple s'il s'agit d'une *restitutio,* d'une *cautio,* d'une *missio,* etc., — non pas toujours, comme plusieurs l'ont fait ou le font sur le vu du rescrit. Ainsi s'explique que cette éventualité, la *cognitio* directe, soit envisagée la première, avant la *datio judicis.* Elle se présente d'abord à l'esprit. Et sans doute, nous n'oserions garantir absolument que dans l'expression *datio judicis, judex* égale juré : équivoque ailleurs, le terme ne l'est ni plus ni moins ici. En tout cas, il est arbitraire d'exclure, sans autre preuve, l'une de ses acceptions, surtout à l'époque où écrit Julien et quand celui-ci vise en particulier les provinces dont les Gouverneurs sont les Proconsuls. — Dès lors, ce texte nous semble intéressant en ce qui concerne avant tout les rapports, dans le domaine judiciaire, du Prince et des Gouverneurs, de tous les Gouverneurs : leur promptitude à obéir aux impulsions du pouvoir central est telle que celui-ci se voit contraint d'éclairer leur zèle. Mais cela même nous permet de toucher du doigt la position fragile de l'institution du jury : si le renvoi à des jurés privés continue vraisemblablement d'être pratiqué en province dans la première moitié du second siècle, du moins a-t-il perdu toute base constitutionnelle. Car maintenant, et de plus en plus, il n'y a de constitutionnel que la volonté du prince. On s'achemine vers le point de vue plus juridique que politique des auteurs du IIIe siècle, signalé plus haut. Selon Callistrate (1), dans notre hypothèse, le Prince « *remittit* negotia ad Præsides ». Non pas, croyons-nous, que cette expression marque que la clause *Praesidem adire potes* est seulement détachée d'un rescrit en comprenant d'autres et où l'empereur organise, de lui-même, une instance. L'addition interprétative, fréquente, dit Callistrate, « *Is aestimabit* quid sit partium suarum » ne peut que se référer à l'activité normale du Gouverneur, elle ne présente d'ailleurs aucun caractère de nécessité, comme ce serait dans une instruction technique où tous les mots ont leur valeur : ici l'intention du prince, plusieurs fois déclarée, doit suffire. — Mais la *Remissio* qui indique le renvoi, la remise d'une affaire, d'une autorité à une autre autorité (inférieure ou supérieure) (2) suppose l'existence d'une hiérarchie.

(1) Call. 1, *De Cogn.* (1. 18), 9 : « Generaliter quotiens princeps ad præsides provinciarum remittit negotia per rescriptiones veluti *Eum qui provinciæ præest adire poteris*, vel cum hac adjectione *is æstimabit quid sit partium suarum*, non imponitur necessitas proconsuli vel legato suscipiendæ cognitionis ; quamvis non sit adjectum *is æstimabit quid sit partium suarum* ; sed is æstimare debet utrum ipse cognoscat, an judicem dare debeat ».

(2) *Remissio* par le *Præses* au prince en présence de déclarations d'un condamné. Ulp. (48. 19), 6 pr. — Pap. (49. 1), 22 — (42. 4), 13 : « ad cognitionem imperatorum a præside provinciæ remissus etsi in cæteris litibus Romae defendere se non cogitur, tamen in prov. defendendus est ». — Hermog (49. 1), 26. Edit. Crim. dans Girard, p. 209 ; rappr. Dion, LII, 33 ; Pline, VI, 13 ; IV, 9 ; X, 74 (16), etc. ; Tac., Ann., III, 10. Cfr. XIV, 18. — *Facul-*

Elle souligne que le prince, même en cette hypothèse d'une réponse à consultation, se considère comme saisi régulièrement en qualité de juge, et, l'étant avant et par dessus tous autres, en qualité de juge suprême, on pourrait dire unique. A la consultation, ou plutôt à la *prière*, à la *supplique* (1) du plaideur, il eût pu répondre, non pas en l'adressant à son for normal mais en appliquant sa propre *Cognitio* (2) (soit par lui-même, soit par commission de juge). C'est bien la pensée d'Alexandre Sévère ; écrivant à l'assemblée de Bithynie : « Je ne vois pas, dit-il, comment des juges (car les gouverneurs n'ont plus l'empressement d'autrefois) peuvent empêcher quelqu'un d'appeler de leurs sentences, quand il est permis, en empruntant une

---

tas remittendi des juges pédan. au *præses* : Diocl. C. J. (3. 3), 3. En sens inv. *remissio* du prince au *præses* : Pap. Just. (49. 1), 21, pr. Hadr. ap. Call. (22. 5), 3. 3. — *Remissio* entre *præsides :* Pius *ap.* Ulp. (48. 2), 7, § 5. Macer (48. 3), 7. Rappr. Hadr. (48. 3), 6 pr.

(1) Cfr. Val et Gall (9. 45), 4 : « is de quo supplicas ». — Car. Car. (3. 22), 9. Diocl. (8. 30 ou 31), 2 ; (9. 42), 1 ; (4. 23), 2 ; (2. 42), 4 : « ea quæ in preces contulisti, præsidem pr. examinare convenit » ; Vat. 316, 282 : « quoniam non contenta rescripto quod ad primas preces acceperas, iterato supplicare voluisti, ex jure rescriptum reportabis ». Avec le temps, la distinction nullement théorique entre rep. à consult. et rescrit jud. n'a pu que s'effacer.

(2) *Suscipere Cognitionem*, c'est de très bonne heure pour le prince connaître de l'affaire par évocation pour un motif ou un autre. Cfr. Tac., Ann., XIV, 50 : « quæ causa fuit Neroni suscipiendi judicii ». — Pline, VI, 31 : « Heredes cum Cæsar esset in Dacia communiter epistula scripta petierant ut susciperet cognitionem. Susceperat ».

autre voie, d'aboutir au même résultat et de parvenir plus vite jusqu'à moi » (1).

20. — Motif encore pour que la *Cognitio* soit visée la première : elle est la procédure dont use le juge suprême, celle qui d'elle-même doit donc se recommander aux juges, ses subordonnés (2). Mais dès lors, non point dans les *Digesta* de Julien, où nous croyons abusif d'exclure *à priori* l'hypothèse d'un juré, du moins dans le *De Cognitionibus* de Callistrate (le titre de l'ouvrage est significatif) n'est-il pas naturel de comprendre la seconde alternative, la *Datio Judicis* (3), comme une commission administrative, faite par le *Praeses* ? Nous le croirons ; le fait s'est produit sûrement, un auxiliaire du Gouverneur en est venu peu à peu à assumer l'office autrefois rempli par le juré. Est-ce à

(1) Paul, 20. Resp. (49. 1), 25. Cfr. Cuq, Conseil, p. 454.

(2) Cfr. à cet égard les rescr. d'Hadr. au *leg. prov. Ciliciæ* et au *Proc. Maced.* dans Call. De Cogn. (22. 5) 3, § 1 et 3. Des directions y sont données quant à la pratique de la preuve par témoins.

(3) Bien qu'on ne puisse fixer aucune date précise, l'impression est que de bonne heure, au iiie siècle, la procéd. par jurés a cessé de s'appliquer dans les prov. M. Cuq, (*Bibl. Ecol. fr.*, fasc. XXI, 1881, p. 117-121) place cette disparition au début même. M. Mitteis (*Reichsrecht*, 1891) la retarde jusqu'au milieu (p. 133). Plusieurs des textes qu'il cite sont écartés par Partsch, p. 117 qui conclut cependant dans un sens analogue. Mais ceux mêmes qu'il retient sont bien contestables (*supra*, p. 103, n. 3). En particulier nous croyons qu'aucun texte du *De Off. Proc.* d'Ulp., écrit sous Caracalla, ne prouve le recours aux Jurés (Cfr. note sous le n° 24). Un texte comme (4. 4), 42 où l'i. i. r. et l'appel sont présentées comme les voies de rec. normales semble même nettement contraire.

dire que, comme on le veut, cette substitution n'entraîne aucun changement dans l'aspect de la Procédure, dont après comme avant on peut dire qu'elle est formulaire ? Une telle affirmation nous semble aller bien au-delà du texte même ainsi compris. C'est lier la règle de droit portée dans l'Edit — obligatoire sous Justinien encore (1) — avec sa mise en œuvre dans la pratique. La formule, contrat judiciaire, subsiste, assure-t-on. Mais, M. André Boyé l'a fortement marqué (2), quelle valeur a ce contrat, dont l'initiative du Gouverneur a suffi pour rendre inutile au moins l'un des objets, l'accord sur la personne du juge ; quand d'ailleurs le refus de contracter de la part d'une partie n'empêche plus la procédure de suivre son cours? Pareillement, tels principes comme la condamnation nécessairement pécuniaire, ou la non exécution de la sentence par le juge semblent voués à la disparition. Au total, la formule, organisme de procédure, se meurt. Le contenu sans doute, le modèle en a dû passer, en grande partie, dans ces instructions du gouverneur aux *judices* par lui commis : rédigées en conformité des solutions de l'Edit, celle-ci ne pouvaient que coïncider extérieurement avec la formule. Aussi bien, des textes semblent supposer un semblable décalque. Voici un fragment extrait des *Digestorum* de

(1) Inst., I, 2. 7. Observer que l'Edit même, contenant à la fois et les édits spéciaux promettant les actions et les formules correspondantes, témoigne que ce point de vue n'a jamais échappé aux Romains.

(2) Cfr. Boyé, *op. cit.*, p. 298-301.

Q. Cervidius Scævola (rédigés après 178) : « Ordre est
donné au défendeur par le *judex*, suivant l'instruction
(praeceptum) du *Praeses*, de présenter les comptes qu'il
avait garanti détenir ; à l'expiration du délai donné
afin de réunir les pièces, il ne les présente pas ; en
conséquence, vu la constitution impériale, attendu que
par désobéissance il n'avait point présenté les actes,
condamnation est prononcée selon l'intérêt que le
demandeur affirme sous serment avoir à leur exhibi-
tion. On demande si, nonobstant ce serment, l'appel
est possible. Il est répondu qu'aucune raison n'est
alléguée, qui pût faire obstacle au moyen de l'appel » (1). Ainsi, le règlement est celui-là même que
contenait la formule de l'action arbitraire *ad exhiben-
dum : jussus* ou plutôt *arbitratus judicis* ; sinon condamnation au *quanti interest* d'après le serment du
demandeur. Et pourtant tout atteste le caractère extraordinaire de la procédure et la qualité administrative
du *judex* : le *praeceptum praesidis* (2), auquel il va être

----

(1) Scæv. 25 Dig. (49. 1), 28, § 1 : « Jussus a judice exhibere
secundum præceptum præsidis provinciæ rationes, quas apud se
esse caverat, instrumentorum gratia dato dilatione, nec postea
exhibuit : ideoque secundum constitutionem recitatam, quia per
contumaciam instrumenta non exhibuerat, cum petitor, quanti
sua interesset exhiberi, jurasset, facta erat condemnatio. Quæsi-
tum est an post jusjurandum appellationem interponere possit ?
Respondit nihil proponi, cur denegandum esset appellationis
auxilium ».
(2) Cfr. Pline, VII, 6 : Affaire criminelle devant l'empereur ;
dation de juge « præceptum est Suburano ut vacaret finitam
causam retractanti, si quid novi adferret ». — Val et Gall (5. 42),
2. Paul (49. 8), 3 pr. : *præceptum judicis* où *judex* doit avoir un

désobéi (*contumacia*) : il n'y a de désobéissance qu'envers l'autorité publique (1), on ne désobéit pas au juré ; la production de la constitution ; l'admission d'un appel éventuel.

Au Gouverneur qui délègue un *judex* on recommande une attitude qui n'est pas sans rapport avec celle qu'il eût eue en face d'un juré : il lui confiera le fait, l'indication du droit rentrant dans la tâche traditionnelle du magistrat (bien que celle-ci soit ici entendue d'une façon beaucoup plus large) : « Aux juges qui hésitent sur le Droit, écrit Ulpien dans son *De Officio Proconsulis,* les gouverneurs ont coutume de répondre ; consultés sur le fait, ils ne doivent pas leur donner d'avis mais leur ordonner de rendre une sentence, selon leur conscience : car à remplir cet office, on retire ou la honte, ou le crédit et l'honneur » (2). On s'accorde pour rapporter ce texte à des juges-commis, soit que l'on insiste sur la considération purement utilitaire mise à la base

sens compréhensif. — Rappr. Pap. (5. 1), 40, § 1 : *præceptum legis.*

(1) Ulp. (10. 4), 3, § 2, doit être interpolé. Il y a de même *contumacia* quand on désobéit au *pater.* C. J. 8. 46 (47). C. 3 ; bref, partout où l'obéissance est due. Cfr. Boyé, *Denuntiatio,* p. 6, n. 9.

(2) Ulp., 5. De Off. Proc. (5. 1. 79) (placé par Lenel n° 2175 sous la rub. *De Conventu*) : « Judicibus de jure dubitantibus præsides respondere solent ; de facto consulentibus non debent Præsides consilium impertire, *verum jubere eos prout religio suggerit sententiam proferre* ; hæc enim res nonnunquam infamat et materiam gratiæ vel ambitionis tribuit ». — De cette fin, rappr. Ulp., 51, Sab. (42. 1), 55 « semel enim male seu bene officio functus est ».

de l'indépendance du *judex* (1), soit que l'on note l'impossibilité théorique d'instructions administratives vis-à-vis de jurés (2). — Que, dans ces instructions aux délégués, quelque chose ait passé de la terminologie et même de la technique formulaire, on en a encore la preuve dans un rescrit de 293 de Dioclétien : « le gouverneur veillera que le juge, ayant examiné le fait,

---

(1) Partsch, *op. cit.*, p. 113 ; Boyé, p. 109, n. 4. — V. toutefois Cuq, Man., p. 882, n° 1.

(2) Wlassak, p. 29, n° 33 : « Die Konventsrichter... (sind) gewiss nicht *iudices privati* da ihnen gegenüber amtliche Rechtsbelehrung, sei sie auch erbeten, unbefugte Einmischung wäre ». Ainsi M. Wlassak, s'il conçoit une formule sans juré, ne conçoit pas de juré avec instruction administrative. Et en effet, à ce juge *sui generis*, il faut une instruction également *sui generis*. Mais l'effet suit la cause ; le juré disparu, la formule a dû disparaître aussi, du moins la formule technique, non pas les éléments d'ordre juridique entrant dans chaque formule en particulier. — D'ailleurs le juge, quel qu'il soit, juré ou commis, convoquait, suivant la coutume romaine, tous ses amis, afin de prendre conseil. Cfr. Aulu Gelle, XIV, 2 (où il est juré) : « tunc ibi amici mei quos rogoveram in consilium, non sedendum diutius ac nihil esse dubium dicebant ». XII, 13 (où il est commis par les consuls) : « Cur me potius rogas, quam ex istis aliquem *peritis* studiosisque juris quos adhibere in Consilium judicaturi soletis ? » — Une fois la formule délivrée, des questions de droit pouvaient donc encore se poser ; mais, à la différence du commis, le juré n'avait pas à consulter le magistrat : de son côté celui-ci n'eût pu donner une instruction à laquelle les parties eussent été étrangères. Du moins, le juré pouvait s'adresser aussi à un juriscons. titulaire du *jus publ. resp.* (Cfr. Krueger, *Sources*, p. 149. Cuq, *Man.*, p. 52). — Rappr. p. ex. la consult. qu'en Egypte le juge délégué prend auprès du préfet lui-même (Girard, Textes, p. 897).

porte sa sentence selon la « *formula promissa* » (1). Rien de plus normal qu'une telle survivance, que cet enveloppement d'une matière nouvelle dans des formes antiques. C'est là une nouvelle application de la méthode conservatrice des Romains, — celle, à dire vrai, de tous les juristes futurs : peut-être aussi est-elle une condition de l'ordre juridique, que Rome, presque seule, a su fonder. Ici vient toutefois s'y joindre la routine du praticien : en 342, il sera nécessaire d'adresser au Gouverneur de Phénicie une constitution pour abolir « jusqu'à la racine » les *formulae juris* devenues si obscures qu'elles sont de véritables pièges (2). Qu'il faille cependant, lors de la chute du juré privé, saluer l'avènement d'un nouvel esprit dans la procédure, le seul terme de *cognitio*, opposé parfois à celui de *formula* (3), semble le témoigner. Parler de *cognitio* n'est rien, tant que l'on n'a point dit qui s'en charge *qui suscepit cognitionem*, on peut dire aussi *qui jus dicit*,

(1) Vat. 312 : « Unde aditus præses prov. si de possessione te pulsum animadvertit, nec annus excessit, ex interdicto *unde vi*, restitui te cum sua causa providebit, vel si hoc tempus finitum est, ad formulam promissam quasi nullas vires donationem habuisse dicatur, quæstione facti examinata, judicem præses provinciæ sentencia ferre curabit ». Cfr. Partsch, *op. cit.*, p. 118-119 ; Wlassak, p. 32, n. 48 ; Boyé, p. 297, 302. Rappr. en 286. Vat. 281 « pr. prov. ad vicem familiæ erciscundæ officium sententiæ suæ legibus temperabit ». — Auparavant Phil. (3. 22), 8 et (4. 2), 4 en 247.

(2) Const et Const. (2 57), 1. — Boyé, p. 308 s.

(3) Cfr. pour les fidéic., n° 26. *Cognitio* qui s'oppose ici à *formula*, sera rapproché ailleurs de *Jurisdictio*, au sens large de l'ép. class.

bref celui qui a pouvoir de connaître, d'instruire. C'est
marquer qu'il n'y a plus de procédure purement civile,
que la solution des litiges entre particuliers est désormais dominée par le problème de la compétence, par
un problème administratif. La matière de l'appel est
propre à nous en persuader.

§ III. — *L'Appel de la sentence du Judex.*

21. — La sentence du juré est par nature définitive.
Par nature, disons-nous : si, pour l'époque impériale,
d'assez nombreux auteurs (1) croient à un appel de la
sentence des jurés, et tout spécialement dans les provinces, il est du moins notable qu'on ne songe pas à le
faire remonter plus haut. L'appel serait né avec un état
politique nouveau. C'est donc bien que le point de vue
politique, d'où procède la distinction entre magistrature et judicature, doit commander aussi une distinction entre les actes respectifs de ces deux pouvoirs,
distinction à laquelle l'introduction de l'appel marque
une première atteinte. En soi, décret et sentence ne
sont pas du même ordre. « Ce que le préteur, dit Celsus au second siècle, a ordonné ou défendu, un *imperium contrarium* le peut détruire et faire disparaître ;

(1) Cfr. notamment : Merkel, *Ueber die Gesch. der Kl. Appell.*,
1883. Lecrivain, *l'appel des Juges-Jurés au Haut Empire* (Mél.
d'Arch. et Hist. Ec. fr. R. VIII, 1888). Kipp, v° *Appell.* dans
Pauly, Wiss., 1895. Perrot, *l'appel dans la Procéd. de l'Ordo*,
1907. En sens contr. Mommsen, Dr. Publ., V, p. 270. Girard,
Man., p. 1068. Cuq, Man., p. 908.

il n'en va pas de même des sentences » (1). — Mais, distinction n'a jamais été séparation ; irréductibles l'une à l'autre, l'activité du magistrat et celle du juge se complètent l'une l'autre. En particulier, l'acte par où le magistrat institue le juré relève de l'*imperium*, et si, comme en province, le *judicium* est *imperio continens*, du seul *imperium*. Dès lors, le magistrat doit pouvoir revenir sur son premier décret, tant du moins que la sentence n'est pas portée ; il doit pouvoir défendre ce qu'il avait d'abord ordonné. Lui ou une *Par majorve potestas* usant de l'*intercessio* (2). Mais cette dernière éventualité n'est pas à retenir en province : *Praetor cui nemo possit intercedere det quem velit judicem*, dit Cicéron. Abstraction faite de l'intervention du

(1) Celsus, 25 Dig. (42. 1), 14 : « Quod jussit vetuitve prætor contrario imperio tollere et repetere licet ; de sententiis contra ». Nous suivons l'interprét. tradit. de ce texte (qui ne prouve pas absolument l'absence d'appel ; Perrot, *op. cit.*, p. 54). Mais M. Wlassak, *Iudikat.*, p. 217-24, croit devoir attribuer aux compilat. les trois derniers mots.

(2) Paul, 13, Sab. (5. 1), 58 : « Judicium solvitur vetante eo, qui judicare jusserat, vel etiam eo qui majus imperium in eadem jurisdictione habet, vel etiam si ipse judex ejusdem imperii esse cœperit, cujus erat qui judicare jussit ». Cfr. Perrot, p. 20. — Pour Mommsen, les solutions de ce texte, bien que « sûrement » relatives au juge-commis, n'en sont pas moins applicables par analogie au juré (*op. cit.*, III, p. 262, n. 1). Mais, ainsi que le montre M. Wlassak, *ibid.*, p. 203, il n'y a pas de raison pour que Paul n'ait pas considéré ce dernier même. Le même auteur hésite d'ailleurs à voir dans le « vetante eo qui maj. imper. » une application de l'*Intercessio* (p. 212). Ces mots concerneraient le Préteur Urbain, titulaire du droit de *judicare vetare* en face des mag. municip.

prince, il n'est pas de *potestas* supérieure à celle du Gouverneur. De fait, les textes relatifs aux provinces contiennent la trace d'une influence exercée indirectement par le magistrat sur la sentence : la difficulté est seulement d'apprécier la portée juridique et donc la légitimité de la mesure.

« Prenez connaissance, s'écriait Cicéron, de l'Edit de cet homme, grâce auquel il a mis en sa dépendance tous les jugements (*redigere in potestatem suam*) : *Si quelqu'un vient à juger de travers, il s'en assurera ; s'en étant assuré, il sévira* (1) ». Mommsen suppose une délégation de juridiction faite par Verrès à son questeur ; l'édit marquerait simplement que le déléguant s'est réservé de casser éventuellement le décret d'institution des jurés porté par le délégué (2). Mais, si fréquente que soit sous la République la délégation au questeur (3), il faut bien noter que le passage ne contient aucune allusion à cette hypothèse. D'autant que Cicéron met bien en relief le but que poursuivait Verrès : grâce à cet Edit, *omnia judicia* se trouvent dans la *potestas* du gou-

---

(1) Cic. *in Verr. Act. Sec.*, II, 13 : « Siculi hoc jure sunt... (*suprà*, n° 8). Hæc omnia isto prætor non modo perturbata sed plane et Siculis et civibus romanis erepta sunt; *primum suæ leges* : quod civis cum cive ageret, aut... aut si legibus erat judicium constitutum et ad civem suum judicem venerant, libere civi judicare non licebat. Edictum enim hominis Cognoscite, quo edicto omnia judicia redegerat in suam potestatem : Si qui perperam judicasset se cogniturum ; quum cognosset enim animadversurum ; idque quum.. ».

(2) Mommsen, D. Publ., I, p. 265, n° 2. Dr. Pén., II, p. 153.

(3) Elle se rencontre aussi sous l'Emp. — Cfr. Leifer sur Ulp., 2 *de O. Q.* (2. 1), 3, *op. cit.*, p. 120-123.

verneur (1). Or, cet *omnia* se réfère, semble-t-il, spécialement à une catégorie de procès qui, de par les *jura Siculorum*, eut dû demeurer étrangère à tout magistrat romain, gouverneur comme questeur : les procès entre citoyens d'une même cité qui se doivent dérouler *domi suis legibus*. Il plait quelquefois à Verrès de respecter ces lois : « *si legibus erat judicium constitutum et ad civem suum judicem venerant…* ; mais, alors, *libere civi judicare non licebat* », le juge n'était point indépendant. Tel était l'effet de l'Edit, édit peut-être licite vu la liberté en province de l'*imperium*, édit où l'on pourrait même être tenté de voir une initiative favorable à une bonne justice (2), et où Cicéron dénonce une atteinte dissimulée aux droits des Siciliens. Quant à l'effet exact de l'intervention du Prêteur, assurément il est d'abord disciplinaire : *animadversurum*. On le voudrait même préventif : le juge, dans le temps même où il rend sa sentence, se représentera Verrès qui va prononcer sur sa tête *quem statim de capite suo putaret judicaturum*. Mais, ce faisant, Verrès prononce du même coup sur la sentence. *Alium de suo judicio putaret judicaturum* (3).

---

(1) Cic. a déjà dit plus haut, II, 12, que tous et tout se trouve *in eorum potestate qui judicia dant et eorum qui judicant.* Verrès veut joindre les deux puissances.

(2) C'est l'interprétation de Pernice, *Arch. Giur.*, 1886, p. 144. Cicéron cherche à représenter comme un caprice ce qui a pu être effet de bonne volonté.

(3) Cic., *ibid.*, II, 13 : « idque quum faciebat nemo dubitabat quin quum *judex alium de suo judicio putaret judicaturum*, seque in eo capitis periculum, aditurum, voluntatem spectaret ejus quem statim de capite suo putaret judicaturum ».

Nous croyons donc, bien que cela soit souvent nié (1),
à l'annulation du jugement lui-même ; ce qui ne veut
pas dire, à la substitution par le gouverneur de sa
propre sentence. Sans doute, l'affaire était-elle reprise
par un *judex* plus docile (2).

Une telle issue se trouve être expressément prévue
par un autre décret de cassation, que rapporte le
même Cicéron, et qui émane de son propre frère :
« Cicéron a décrété que si l'on niait l'existence du jugement, il fallait risquer le double ; si l'on alléguait que
les récupérateurs avaient prononcé sous l'empire de
la crainte, on obtiendrait les mêmes récupérateurs » (3). Ici, le magistrat, loin de s'arroger le droit
de rétablir personnellement la sentence et donc de
s'instituer juge d'appel rend en quelque façon hom-
mage à l'autonomie de la mission du juge. En revanche, il comprend sa propre tâche avec largeur ; elle
l'autoriserait à exercer un contrôle sur la manière dont
en fait cette mission a été remplie. A la base de telles
initiatives il est difficile de ne pas reconnaître l'*Impe-*

(1) Cfr. Merkel, *Appellat*, p. 33 ; Pernice, *loc. cit.* ; Perrot, *op.
cit.*, p. 25, nº 2 croit que la sentence devait être cassée.

(2) Cfr. d'ailleurs ce qui a lieu, II, 27 : « Quod civis centuripi-
nus inter duos cives judicasset, id irritum jussit esse ; eumque
judicem falsum judicasse judicavit ; (voici ensuite l'*animadversio*)
in senatu ne esset, locis commodisque publicis uti vetuit... » La
conséquence est l'effroi des juges : « Hoc injecto metu judicibus,
novo more, nullo exemplo... ».

(3) Cic., *Pro Flacco*, XXI, 49 : « Cicero decrevit ut, si judicatum
negaret, in duplum iret ; si metu coactos diceret, haberet eosdem
recuperatores ».

rium dégagé d'entraves du Gouverneur de Province : le préteur urbain, au moins vis-à-vis de l'*unus judex*, n'eût pu sans doute innover ainsi (1).

22. — Faut-il aller plus loin, et admettre en province un *appel* auprès du Gouverneur de la sentence qu'a portée le juré privé ? Nous en doutons fort. Il ne faut pas se dissimuler que ce qui fait l'originalité du système formulaire disparaîtrait une fois l'appel ouvert. Magistrat et juge ne sont distingués une première fois que pour être confondus ensuite. A la différence de ce qui se produit dans les hypothèses envisagées jusqu'ici, un décret est finalement substitué à une sentence ou, si l'on veut, est apte à remplir le même office (2). En outre, si, comme nous le croyons, formule et juré sont indissolubles, qu'advient-il en appel du contrat judiciaire estimé indispensable en première instance ?

(1) En ce sens, Pernice, *loc. cit.* ; *contra*, Perrot, *op. cit.*, p. 18. On peut penser qu'à Rome en cas de *judicium legitimum* les garanties nécessaires ont été prises non point par le Préteur Urbain, mais par le pouvoir législatif. C'est ainsi que l'on interpréterait Tacite, XIV, 28 : *Auxit que (Nero) patrum honorem ut qui a privatis judicibus ad senatum provocauissent, ejusdem pecuniæ periculum facerent, cujus ii qui imperatorem appellavere.* Il reste qu'une cassation est assimilée à un appel véritable : marque de la confusion produite par la rencontre de systèmes judiciaires dont les bases sont différentes. En dépit ou en raison de sa profondeur, Tacite doit être considéré comme un auteur plus attentif que Suétone : « ut omnes appellationes a judicibus ad senatum fierent » (Néron, 17).

(2) Il est vrai que, dans les cas de l'Edit, une sentence pourra être frappée d'*in. int. restitutio*, moyen reposant sur l'*Imperium*. Mais normalement, il aboutit à un *judicium restitutorium*.

L'introduction de ce recours suppose donc que les raisons profondes auxquelles la procédure formulaire doit son existence se sont évanouies. Et sans doute, un texte de Julien nous l'a montré, il peut en être ainsi dès le second siècle, particulièrement en province. Mais alors ce même état d'esprit conseille une méthode plus simple : le magistrat qui veut se réserver un contrôle sur la sentence écartera le juré et commettra un juge ; de la sentence de celui-ci il est normal d'admettre un appel (1). Bien plus l'appel, dès lors qu'il ne s'agit point d'un juge reçu du prince, est de l'*essence* de la commission (2).

(1) Pap. Justus, 1. De Const. (49. 1), 21, § 1 : « Imperatores Anton. et Verus rescripserunt appellationes, quæ recte ad principem factæ sunt, omissis his, ad quos debuerunt fieri ex imo ordine, ad Præsides remitti. § 1, Iidem rescripserunt ab iudice quem a Præside provinciæ quis acceperat non recte appellatum esse, ideoque reverti eum ad præsidem debere ». On considère parfois le *judex acceptus a præside* comme un juré (Merkel, Appell., p. 69 ; Perrot, Appel., p. 149). Les rescrits auraient eu pour but d'assurer la hiérarchisation définitive d'autorités jadis libres ; ils ne pourraient viser des *cognitiones* pour lesquelles l'appel fonctionne sans difficulté depuis Auguste. — Mais c'est au cours de la deuxième moitié du IIe siècle que se dessine le mouvement substituant la Cognitio au Juré formul. D'où des solutions à donner, à rappeler tout au moins. En particulier, quel rôle reconnaître au prince, chef hiérarchique de tous les magistrats, mieux leur mandant (Cfr. Wlassak, *Iudik.*, p. 80) ? Nos rescrits veulent y répondre. — Ajouter que la règle indiquée est donnée encore dans des hypothèses où il s'agit sûrement de juge-commis. Cfr. Mod., 8 Reg. (49. 3), 3.

(2) Ulp, 1, de Appell. (49. 2), 1, § 4 : « Interdum imperator ita solet judicem dare ne liceat ab eo provocare ut scio sæpissime a d. Marco iudices datos. An et alius possit ita judicem dare vide-

Ces considérations nous font croire que le texte suivant, où l'on a vu parfois une trace de l'appel de la sentence des jurés (1), se réfère aux juges-commis. « De même que l'on appellerait des *judices*, il est permis, dit Gaius, d'appeler de la sentence, inique envers l'une ou l'autre des parties, qu'a portée l'*arbitre* constitué afin de vérifier la solvabilité des cautions » (2). *Judices*, comment l'entendre ? Sans doute, nous avons reconnu qu'à maintes reprises ce terme doit, dans

bimus ? Et puto non posse ». « A la vérité cette manière de tourner court ne laisse pas d'être un peu suspecte. — Sur l'expression *iudex ab imp. datus*, Wlassak, *Iudikat.*, p. 66, n° 15. On peut penser que Marc-Aurèle écartait l'appel afin de se conformer aux habitudes des habitants de Rome et rapprocher son juge du juré (Cfr. Cuq, Conseil des Emp., p. 337).

(1) Cfr. Pernice, Arch. Giur., p. 146.

(2) Gaius, 5, ad. E. P. (2. 8), 9 : « Arbitro ad fidejussores probandos constituto, si in alterutram partem iniquum arbitrium videatur perinde ab eo atque a judicibus, appelare licet ». Le texte même est-il pur ? *Fidejussores* a été substitué à *Sponsores*. M. Perrot veut lire *recuperatores* au lieu de *judices* (*op. cit.*, p. 85-86). — Mais, à le considérer comme pur, nous croyons que le rapprochement même effectué entre l'arbitre, à coup sûr commissaire du proconsul (Pernice, *loc. cit.*) et le *judex* est propre à révéler le sens de ce dernier terme. C'est parce que l'arbitre n'est qu'une variété parmi les *judices* que l'appel aura lieu. Le raisonnement paraît moins solide, si l'on suppose que *judex* égale juré ; on comprendrait plutôt la proposition inverse : l'appel se fera du juré, de même que l'on appelle de l'arbitre, de ce commis pour lequel la chose ne saurait faire doute. S'il y a un doute, il porterait, en présence d'un *judex* de cette catégorie, sur la nécessité d'un appel en forme. Cfr. Paul, De Appell. (49. 2), 2 ; mais l'on ne peut s'appuyer sur ce texte, dont M. Perrot a démontré l'interpol. (*op. cit.*, p. 91, n° 2).

l'*Ad Edictum Provinciale* se référer au juré, en raison des allusions certaines à la procédure formulaire que contient l'ouvrage. Est-ce à dire que le sens soit partout identique? Il est permis de penser que non ; la chose est bien connue, en dépit de la finesse de leurs analyses, les jurisconsultes romains ne se sont point attachés à une terminologie rigoureuse : étant toujours près de la vie, cette vie que l'homme ne se donne pas mais reçoit, ils n'ont point songé à des définitions trop rigides, vite impuissantes à la contenir (1).

Aussi bien c'est un signe des temps que ce développement d'une telle *datio judicis a Praeside* avec appel, et faut-il préciser, appel au *Praeses*. La précision est le fait des empereurs (Marc Aurèle et Verus) : les plaideurs avaient coutume de s'adresser directement

---

(1) M. Perrot, *op. cit.*, p. 118, invoque en outre Pap. 19, Resp. (49. 1), 23 pr. : « Ex consensu litigantium circa compromissum a praeside provinciæ judice dato, victus potest provocare ». Il s'agirait d'un juré choisi d'un commun accord, mais sans qu'il y ait eu *compromissum jure perfectum*. Pap. étend à ce cas l'appel qui dans le principe fonctionnerait seulement en face d'un juré tiré au sort. Mais le magistrat a très bien pu désigner tel juge également désiré par les deux parties (non pas par une seule : Cfr. Call., 1, Quæst. (5. 1), 47) ; et pourtant ce juge n'en demeure pas moins un délégué ; par là, la sentence aura d'ailleurs force de chose jugée, à la différence de celle de l'arbitre (cfr. *suprà*, p. 99, n. 1). Ce texte ne nous semble donc pas viser nécessairement un juré. De fait, on le rapporte parfois à la P. Extraord. (p. ex. Duquesne, *Transl. jud.*, p. 706, n° 2). Rapp. le « ex consensu judex minor datus » d'Ulp., 2 Disp. (42. 1), 57 où il doit s'agir d'un juge fonctionnaire et dont la solution diffère de celle de Call., 1, *Ed. mon.* (4. 8), 41 relatif à l'arbitre sur compromis.

(recte) au prince. Tendance à certains égards naturelle et donc attitude d'autant plus remarquable de celui-ci. Naturelle au moins, dans les provinces impériales qui, du reste, sont peut-être seules en cause dans un rescrit du second siècle parlant du *Prœses*. En effet, dans les provinces du Sénat on ne peut guère hésiter sur la personne du commettant. A supposer une délégation de Juridiction par le proconsul à son légat, le premier qui pouvait autrefois se réserver de casser les décrets du second organisant des instances avec jurés, recevra pareillement les appels qui sont faits des juges nommés par celui-ci (1). Mais le *legatus Augusti* des provinces impériales est vis-à-vis du prince dans une situation juridique assimilable à celle qu'a le legatus en face du proconsul. — Toutefois, il se peut qu'il y ait autre chose dans la pratique des plaideurs. Le juge commis tient la place du commettant. Il statue au nom de celui-ci ; des rescrits d'Antonin (l'un d'eux peut être adressé à un proconsul) ne font-ils pas un devoir à qui donne un juge d'assumer l'exécution de la sentence portée par ce juge (2) ? Admettre donc un

(1) Cette solution est donnée à vrai dire par Venul, 2, De Off. Proc. (49. 3), 2, pour les sentences qu'a portées le légat lui-même. Mais il est à croire qu'il en était de même de la sentence émanant du *judex datus a legato*. La règle générale qui figure sous le nom d'Ulp. (49. 3), 2, § 1, doit être interpolée, comme le note Lenel. Pal. Ulp., n⁰ 3.

(2) Ulp., 3. De Off. Cons. (42. 1), 15, pr. : « A divo Pio rescriptum est magistratus populi romani ut judicum a se datorum vel arbitrorum sententiam exequantur, hi qui eos dederunt ». Cfr. Wlassak, *Iudik.*, p. 99, n. 43. Rapp. Call. 2, de *Cogn. eod.*

appel au Gouverneur quelqu'il soit du juge commis par lui médiatement ou immédiatement, n'est-ce point faire juger à deux reprises par le même juge la même affaire ? Entrant dans l'esprit administratif et hiérarchique du système, les populations s'adressent alors directement au prince, — que peut être déjà, *ab initio*, elles avaient pris soin de consulter. Par là elles témoignent qu'en lui seul elles voient le juge supérieur dont les sentences des autres juges ont besoin pour être vraiment des sentences ; et il leur tarde de le saisir. Elles vont au-devant de l'intervention impériale, à laquelle au iie siècle les gouverneurs eux-mêmes, nous le savons, s'empressent de déférer. — Or, ici encore, les empereurs ont le souci de la mesure. Il ne faut point omettre, disent-ils, ceux « ad quos debuerunt fieri (appellationes) ex imo ordine ». *Imus ordo*, c'est le degré inférieur, celui du *judex* (1). L'idée administra-

tit., 31, pr. « pignoribus captis compellendi sunt debitores ad satifaciendum ex forma quam Cassio proconsuli d. Pius in hæc verba rescripsit. « His fatebuntur debere aut ex re judicata necesse habebunt reddere, tempus ad solvendum detur... ».

(1) *Judex datus*, et peut-être aussi Juridiction municipale. Mais nous ne croyons pas que l'on puisse entendre l'expression « imus ordo » au sens de Sénat Municipal (Merkel, Appell., p. 85 ; Cfr. Perrot, *op. cit.*, p. 150, n. 1). Le terme *imus* souligne qu'il s'agit d'une échelle de grandeur établie entre objets de même ordre. En temps qu'assemblée (*ordo*), le Sénat d'une ville donnée n'est inférieur à nul autre. Si le gouverneur connaît en appel de ses décrets administratifs c'est seulement parce que juge d'un rang (*ordo*) supérieur. *Ordo* a ici le sens qu'on lui donne dans *Ordo Senatorius, ordo equester*. V. aussi *magistratus cujuscunque ordinis*. (Mod., 49. 3. 3). D'ailleurs, ne faudrait-il pas *ab ordine*, plutôt que *ex* ?

tive n'est certes pas répudiée. Mais on la manie de telle sorte que ce juge-commis, apte à rendre une sentence, la sienne à certains égards, inapte d'autre part à en assurer l'exécution, ne laisse pas de présenter quelque ressemblance extérieure avec le juré.

23. — Extérieure : le fond diffère du tout au tout, et la preuve en est la dissolution qui semble atteindre en province la notion de *judicium imperio continens* (1). Dans son traité de *officio proconsulis,* Ulpien ne note-t-il pas : « il n'y a qu'un seul proconsulat et le bien de la province requiert la présence de quelqu'un auprès de qui les provinciaux puissent régler leurs différends. Le proconsul doit donc dire le droit jusqu'à l'arrivée de son successeur » (2); la magistrature, *l'honor,* attachée

(1) Cfr. à vrai dire Ulp., 51 Sab. (2. 1), 13, § 1 : « Magistratus autem (vel is qui in potestate aliqua sit utputa proconsul vel prætor vel alii qui provincias regunt) judicare jubere eo die, quo privati futuri essent, non possunt ». Mais le passage entre parenthèses est à peu près sûrement une glose (Eisele, Abhandl., p. 59). Ce texte peut dès lors se référer à un *jud. imp. cont.* urbain. M. Wlassak considère même qu'il s'agit d'un *jud. legitim.* urbain (Judikat., p. 71-74) : le mag. a fixé un délai expirant après sa mag. — M. Lenel, Z. S. St., 1922, p. 569 pense que le texte se borne à indiquer le motif liant le *jud. imp.* à la mag.

(2) Ulp., 10 de Off. Proc. (1. 16), 10 pr. : « Meminisse oportebit usque ad ventum successoris omnia debere proconsulem agere, cum sit unus proconsulatus et utilitas provinciæ exigat esse aliquem, per quem negotia sua provinciales explicent. Ergo in adventum sucessoris debet jus dicere ». Noter qu'au contraire, le Gouv. de la Rép. s'abstenait le plus souvent, dans les derniers temps de leur charge : Cfr. Cic., ad. fam., III, 6. 4. « qui te forum Tarsi agere, statuere multa, decernere iudicare dicerent, cum posses jam suspicari tibi esse successum ; quæ ne ab iis

à la personne qui en est revêtue, disparaît devant la
fonction naturellement perpétuelle. Aussi bien, si le
magistrat passe, il se trouve auprès de lui des auxi-
liaires qui, eux, ne sont que fonctionnaires. « Præsidis
provinciæ officiales, quia perpetui sunt... » note quelque
part Paul (1). C'est justement parmi ces *officiales* que
le *Praeses*, lorsque le recours aux jurés ne se pratique
plus, choisit sans doute les juges à donner aux plaideurs. Or, quant à la durée d'une telle commission,
voici la règle : « Il est d'usage que les juges donnés par
un Gouverneur subsistent même sous le successeur de
ce dernier ; qu'ils soient contraints de prononcer, et que
leurs sentences reçoivent effet (2) ». Dans ce cas, il

quidem fieri solerent, qui brevi tempore sibi succedi putarent » ;
rappr. III, 8. 6. Ad. Att., V, 17. 6. — Aussi bien, les dispositions personnelles du Proconsul étaient d'une grande importance
pour le sort des affaires : p. ex. Ad. Att., V, 21. 12 « rogat ut
rem sic relinquam » ; V, 1. 7. — Ad. fam., XIII, 64. 1 : « ut agas
eam rem nec relinquas hominem innocentem ad alicujus tui dis-
similis quæstum ». — XIII, 63. 2 : « etiam atque etiam ate peto
ut quod habet in tua provincia negotii expedias ». — XIII, 27.
3, à S. Sulp. : « Quidquid habent negotii des operam, quod com-
modo tuo fiat, ut te obtinente Achaiam conficiant ».

(1) Paul Sent., 2. 1. 1a : « Præsidis provinciæ officiales, quia
perpetui sunt, mutuam pecuniam dare et fenenbrem exercere pos-
sunt » (Même règle ensuite pour le Præses : (12. 1), 34 au Dig.
Noter d'ailleurs que la règle exprimée ici est contredite par
Modestin, 10. Pandect. (12. 1), 33. — Sur les *Officiales*, cfr.
Cuq, *Conseil*, p. 471.

(2) Paul, 3 Resp. (5. 1), 49, § 1 : « Judices a Præside dati
solent etiam in tempus successorum ejus durare et Cogi pronunciare easque sententias servari. In eundem sensum etiam Scævola respondit ». Il semble naturel de rattacher encore ce texte

n'est donc plus vrai de dire : « Si cessaverit potestas *judex esse desinit* (1) ». On le comprend, car ce n'est plus des notions de *Potestas* ou d'*Imperium* que de tels *judicia* procèdent. Au vrai, la chute du juré privé se double de celle, moins apparente mais réelle, du magistrat. Le gouverneur qui faisait acte de magistrat, tandis qu'il présidait à la désignation du juré fait lui-même acte de fonctionnaire lorsqu'il commet un subordonné : lui parti, le service n'en sera pas affecté. Il appartient à chacun des titulaires de la fonction de pourvoir aux besoins auxquels elle est destinée (2). Ainsi, le successeur s'assurera que le juge achève la mission commencée. Pareillement (et ce point semble-t-il, eût pu constituer une difficulté vis-à-vis de jurés) il connaîtra en appel de la sentence du juge commis par autrui. Ulpien l'enseigne : « C'est auprès de celui qui a donné le juge que l'appel doit être porté. Il faut l'entendre en ce sens que l'on pourra appeler même auprès de son successeur (3) ». De même que le changement de gou-

---

à la substitution du juge-commis au juré dans les prov., qui se produit dès la 2ᵉ moitié du ııᵉ siècle et est accomplie certainement quand Paul écrit ses lib. Resp. sous Alex. Sév. M. Wlassak (Iudikationsbef., p. 75 s.) le rattache à l'introduction de la proc. form. « étatisée ». M. Cuq, Man., p. 881, nᵒ 2 y voit une règle propre aux légats des prov. impér.

(1) Gaius d'Autun, nᵒ 100.

(2) « Præses qui in eo loco jus repræsentat curæ habebit » (Alex. Sev., C. J., 3. 22. 1). — Cfr. Diocl. (11. 37), 2.

(3) Ulp., 1. Appell. (49. 3), 1, pr. : « Quod dicitur eum appellari, qui dedit judicem, sic accipiendum est, ut et successor ejus possit appellari. Proinde et si præfectus Urbi judicem dederit,

verneur a cessé d'entraîner l'extinction du *judicium*
commencé et d'obliger à en organiser un nouveau, de
même l'instance d'appel ne se présente en aucune façon
comme un *judicium* distinct de la première procédure.
On le voit bien quand Paul écrit : « Celui qui a été cité
auprès du Tribunal supérieur *(majus auditorium* n'est
point estimé contumace, s'il vient à abandonner la
cause (1) ».

24. — Ainsi disparaît le fossé que le régime antérieur avait pour effet d'établir en matière civile entre
décret et sentence. L'une et l'autre procèdent désormais
d'une activité de même ordre. La sentence est devenue,
pareille au décret, un acte administratif (2). Ajoutons
aussitôt un acte administratif qui ne peut pas cependant ne pas présenter des caractères propres (3). Car
la *Res judicata* requiert de toute façon, non seulement
du côté des plaideurs mais du côté du juge, des conditions très précises. Tandis qu'ils s'appliquent à les
déterminer, les juristes n'ont garde d'oublier, sauf à
les transposer, les garanties découlant autrefois soit

vel prætorio ipse erit provocandus qui eum dederit judicem ».
La mention du Præf. Urbi ne permet pas de douter qu'il soit
question d'un commis (Wlassak, *op. cit.*, p. 202, n° 47).

(1) Paul Sent., 1, 13 a 1 *f* : « Is qui ad majus auditorium voca-
tus est, si litem inchoatam deseruit, contumax non videtur ».

(2) Cfr. p. ex. Car. Car. Num., C. J. (7. 45), 6 : « Cum sententiam præsidis irritam esse dicis quod... nullum tibi ex his, quæ
ab eo decreta sunt, præjudicium generandum esse constat ».

(3) Cfr. Wlassak, Iudikat., p. 224-226, à propos de Cels. (42.
1), 14, auquel les compilateurs auraient justement ajouté pour
ce motif « de sententiis contra ».

du seul jeu de la procédure, soit de l'initiative intelligente des titulaires de l'*Imperium*. Il existe toujours un *ordo judiciorum* (1) qui n'est plus sans doute l'*ordo* républicain, avec répartition de la tâche entre magistrat et juré, mais un ensemble de conditions à défaut desquelles la sentence du gouverneur ou de son commis ne jouit point de l'*Auctoritas rei judicatae* (2). Il est

(1) Alex. Sev. (7. 45), 4. « *Prolatam a præside sententiam contrà solitum judiciorum ordinem* auctoritatem rei judicatæ non obtinere certum est » (230). D'où la difficulté d'interpréter une expression comme *jus ordinarium*, au iiie siècle, et même avant (cfr. Wlassak, *Zum ræm. prov.*, p. 9, n. 16, sur Frontin, p. 52). — M. Partsch, *Schriftformel*, p. 113 relève dans Ulp., 2, Off. Proc. (47. 1), 3, une trace du syst. formulaire, en raison de « ad jus ordinar. remittendus est » ; nous croirions plutôt que *jus ordin.* correspond ici à un terme comme *civiliter*. En matière d'injures, ce n'est que depuis Caracalla qu'une option entre l'action prétor. et la poursuite *extra ord.* est ouverte. Auparavant, on ne pouvait dans certains cas agir qu'au criminel. Ainsi doit s'expliquer le nec cogendus erit in crimen subscribere ; Ulp. fait allusion à une réforme récente (Cfr. 47. 7, loi 7, § 6. Girard, Man., p. 411, n. 4. — Cuq, p. 561, note 1, *in fine*). — V. d'ailleurs Alex, C. J. (7. 19), 1 ; on dit encore *more judiciorum* (Gord, 9. 2. 4). En revanche dans Ulp. 49 Sab. (50. 16), 178, § 2, il est à croire que *jus ordinarium* vise la procéd. formul. — On parle ici d'une poursuite *extra ordinem*, car la *quaestio*, organisée sans doute par la *Lex Cornelia*, était étrangère aux prov. (Cfr. Girard, *Mél. Gérardin*, p. 283, n. 3).

(2) Assurément on a depuis longtemps l'idée que « pro utilitate publica rebus judicatis stare conveniat » (Décr. proc. de Sard. en 69 de J.-C. Girard, Textes, p. 181). Mais c'est dans une procéd. administrative sans la *lit. contest.* contractuelle que cette notion peut recevoir son plein développement. Cfr. C. J. Anton. (5. 45), 2. Gord. (46. 7), 3 ; (7. 57), 4 ; (3. 6), 1 et rappr. *vis rei judicatæ*, Phil. (7. 57), 6 ; *præscriptio rei jud.* Sév. et Ant. (7. 58), 1, etc... Diocl. (5. 37), 15.

d'abord des sentences inexistantes ; puis d'une sentence inexistante il est possible de faire appel. Jusque-là, tant que l'on ne sait s'il y a jugement, tant que la voie de l'appel est ouverte, il n'y a point *sententia indubitata* (1).

Inexistence de la sentence : « Si quid est judicatum, habet suam auctoritatem, *si est ut dixi judicatum* » (2), dit, au cours du procès des foulons Modestin alors préfet des vigiles (244). — Il n'y aura pas jugement quand la procédure a été violée soit par le Gouverneur même (3), soit par le *judex datus* qui a méconnu ses instructions (4). De même, si une disposition du droit a été expressément enfreinte (5). Dans tous ces cas, la

(1) Aussi Ulp. décide-t-il que le rescrit de Sév. et Carac. interdisant la transaction sur la *res judicata* s'applique seulement « cum de sententia indubitata quæ nullo remedio attemperari potest, transigitur » (43, Sab., 12. 16. 23. 1).

(2) Dans Girard, Textes, p. 904. Rappr. Diocl. (7. 45), 7 : « nec vox omnis judicis judicati continet auctoritatem, cum potestatem sententiæ certis finibus concludi... ».

(3) Phil. (7. 43), 5 où la sentence a été rendue « obrepticement » contre un absent suivant la règle des XII tables (1. 8). Cfr. toutefois sur ce dernier point, p. ex. Diocl. (7. 43), 8 et (7. 14), 5. — Car Car. Num. (7. 45), 6.

(4) Alex. (7. 45), 3. Philip. (7. 43), 4. Cfr. la C. 3 ci-dessus. — Car. Car. Num. (7. 64), 6 : « ne ambages interpositæ provocationis ulterius negotium protrahant, pr. pr. superstitiosa appellatione submota ex integro inter vos Cognoscet ».

(5) Par un *judex datus* : Alex. (7. 64), 2 ; Cfr. Paul, 7. Sab. (24. 3), 17, § 2. — Par le *Præses* Gord. (3. 6), 1. Car. Car. Num. (7. 64), 5. Au Dig. Pap. 4, Resp. (26. 2), 26, pr. Ulp., 2, opin. (49. 1), 12 : « ... eisque tunc proconsulem *quod facere non debuit*, consensisse, appellatio in re aperta supervacua est ». — Call. 3, Cogn. (42. 1), 32.

sentence tombe d'elle-même : elle n'a pas l'existence. Modestin l'écrit en tant que jurisconsulte, cette fois : un appel serait superflu (1), « superstitieux » disent des empereurs.

Comme aussi serait superflu un appel contre le décret par lequel un gouverneur aurait révoqué sa sentence ou celle de son prédécesseur (2). Semblable au juré d'autrefois, le juge administratif, juge-commis ou commettant même, a rempli son office, dès lors qu'il a porté une sentence : il ne lui appartient pas de la modifier après coup. Réserve faite de l'*in integrum restitutio*, maintenue *en matière civile* (3) au profit de tout magistrat ancien ou nouveau, et qui peut atteindre

(1) Mod. De En. Cas. (49. 1), 19, qui pose la règle en général. Au liv. 1. Resp. l'idée contraire est cependant préconisée (42. 1), 27.

(2) Cfr. Gord. (7. 50), 1. Paul, 3 Resp. (42. 1), 42, texte que M. Wlassak (p. 226) confronte avec (42. 1), 62 attribué à Alfen. — Pour le gouverneur, l'intangibilité de sa sentence ne daterait donc que de la fin de l'ép. class. On peut rappr. cependant ce qui est dit, dès le début du III⁰ siècle, de la sentence pénale : notamment Paul Sent. 1. 13 a 1 c. Cfr. Diocl. (9. 47), 15.

(3) L'*in integrum restitutio* en mat. crim. est réservée au Prince. Paul Sent., 1. 9. 1 et 4. 8. 22 « si per omnia in integrum indulgentia principali restituantur ». — 10 Sab. (28. 3), 6, § 12. — Ulp. 1. Fid. (32), 1, § 5 et 8 De Off. Proc. (48. 18), 1 § 27. Call. 5, Cogn. (42. 1), 33 et (48. 19), 27 pr. — Mais il y a là une innovation ; les proconsuls restituaient ceux contre lesquels ils avaient porté condamnation, comme on le voit par Pline à Trajan, X, 56 (64). Sans doute, les Légats n'ont-ils jamais eu ce droit : *Ibid.* « sicut mandatis tuis cautum est ne restituam abalio aut a me relegatos... » Au III⁰ siècle : nec pecuniariam sententiam suam revocare possit (præses), Ulp., 8, De Off. Proc. 48. 18. 1. 27.

toute sentence portée soit par lui-même, soit par un prédécesseur, soit par un *minor magistratus* (1). L'*in integrum restitutio* est, pour le mineur, ce qu'est l'appel pour les majeurs (2). L'appel est le recours par excellence, ouvert contre toute sentence (3) serait-ce une sentence prononçant l'*in integrum restitutio* (4). C'est aussi le recours suprême : même inique, une sentence du Gouverneur dont il n'a point été fait appel ne peut que subsister (5).

______

(1) Ulp. 11 Ed. (4. 4), 18 pr. Cfr. l'incomp. du *Præses* en face d'une sentence du *Procurator Cæsaris* : Anton. (2. 46 ou 47) c. I. Il existe pourtant, distincte de l'i. i. r. *adversus privatos*, une i. i. r. *adversus fiscum*, qui pourra être portée par le Procurator et le Præses conjointement (Alex. 2. 36 ou 37 c. 2) ; à cet égard rappr. Trajan à Pline X. 84 (88).

(2) Ulp., 2 De Off. Proc. (4. 4), 42. Cfr. *supra*, n° 14.

(3) Cas particulier pour le décret de nomination des tuteurs. L'excuse doit être invoquée dans le temps convenable ; c'est seulement ensuite que, si elle a été écartée, on pourra faire appel Ulp. (49. 4), 1, § 1 et 2 (Rescrit de Marc-Aur.). Diocl. (5. 62), 18.

(4) Scævola, 2, Dig. (4. 4), 39 : « Intra (utile tempus) restitutionis apud præsidem petierunt in int. restitutionem minores ; et de ætate sua probaverunt ; dicta pro ætate sententia adversarii, ut impedirent cognitionem præsidis, ad imperatorem appellarunt. Præses in eventum appellationis cætera cognitionis distulit ». Paul, 1. décret (4. 4), 38 pr.

(5). Val. et Gall. (10. 42 ou 41), 4 : « et tamen si iniqua esset, omissio a te appellationis auxilio necessario permanet ». — Cfr. Sév. et Ant. (5. 62), 3 en mat. de tutelle. Une i. i. r. par le prince, très exceptionnelle, demeure cependant possible : Ulp., 2, Ed. (4. 4), 18, § 1.

§ IV. — *Le retrait de la « potestas dandi judicis »*.

25. — Mais où il y a appel, il y a hiérarchie : *judex,
praeses*, prince, tels sont les trois termes que nous
connaissons (1). — Or, sur la fin du iiie siècle, deux
modifications importantes, en rapport l'une avec l'autre, se produisent. D'une part, entre le prince, terme
nécessaire, et le *praeses*, d'autres degrés s'interposent,
car la tradition du gouverneur subordonné à nul autre
qu'au prince s'évanouit. D'autre part, le *praeses* devient
lui-même et personnellement *judex* en première instance : son propre tribunal constitue l'*imus ordo*. Car la
prérogative antique du *jus dandi judicis* a succombé,
elle aussi ; ce second point doit seul être retenu pour
l'instant.

L'usage, autorisé par les souvenirs classiques, de
séparer le fait du droit, de renvoyer le premier à un
judex, s'est perpétué d'autant plus que le *Praeses* dont
les attributions sont multiples, ne saurait tout assurer
lui-même. C'est pourtant à l'action personnelle qu'ils
sont conviés parfois. Alexandre Sévère voulait que
« ceux-là seulement fussent promus aux charges qui

(1) Ulp., 1, De Appell (49. 1), 1, § 3, où il est dit qu'une
erreur dans le choix du juge d'appel ne nuit pas si l'on s'est
adressé à un *par vel major judex*, présente surtout de l'intérêt à
Rome où il y a concurrence de judices. De la procéd. par lettres
dimissoires, rappr. la pratique de Pline en matière criminelle
dans X. 59 (67) ; 81 (85). Cfr. Merkel, Appellat., p. 82.

les pourraient remplir par eux-mêmes, et non par l'intermédiaire d'assesseurs (1) ».

A la fin du IIIe siècle, en 294, Dioclétien posera une règle formelle (2) : « Nous entendons que les Gouverneurs prennent connaissance de ces causes où jusqu'à présent ils donnaient des *judices pedanei,* parce qu'ils ne s'en pouvaient charger ». C'est seulement en raison de leurs *occupationes publicae* (d'ailleurs réduites alors ; *infrà,* n° 32) ou, dans le domaine judiciaire même, en raison du grand nombre des causes, qu'ils auront la *potestas* (plus loin, il est dit la *licentia*) *judices dandi* (3). Il

(1) Lampride, Alex. Sev. 46 : « Assessoribus salaria instituit, quamvis sæpe dixerit eos esse promovendos, qui per se rempublicam gerere possent, non per assessores ». A vrai dire, les assesseurs ne doivent pas être confondus avec le personnel subalterne d'où sont tirés les *judices pedan.* Mais la déclar. d'Alex. marque une tendance.

(2) Diocl. (3. 3), 2 : « Placet nobis præsides de his causis in quibus quod ipsi non possent cognoscere, antehac pedaneos judices dabant, notionis suæ examen adhibere, ita tamen ut, si vel per occupationes publicas vel propter causarum multitudinem omnia hujusmodi negotia non potuerint cognoscere judices dandi habeant potestatem. § 1 (quod non ita accipi convenit, ut etiam in his causis, in quibus solebant ex officio suo cognoscere, dandi judices licentia permissam credatur ; quod usque adeo in præsidum cognitione retinendum est, ut eorum judicia non deminuta videantur). Dum tamen de ingenuitate, super qua poterant et ante cognoscere et de libertinitate præsides ipsi dijudicent ».

(3) De fait divers textes de Diocl. sont relatifs aux *Judices Pedanei* ; not. la C. 3 (3. 3) où l'on insiste sur la nécessité pour les juges délégués de statuer en personne sans renvoi au *Præses,* texte daté généralement d'avril 294 et donc antérieur à la C. 2 d'août 294. Toutefois Mommsen préfère la date de 300. — V. aussi la C. 4 (3. 3) en 303. En tout cas, depuis 294, la dation de tels

faut remarquer ce dernier motif : la *multitudo causarum*. Auparavant, le gouverneur distinguait suivant la nature des causes. Il en est qu'il avait coutume (il eût pu, certes, agir autrement) de renvoyer comme eût fait le magistrat d'antan, à un juge. Pour d'autres, au contraire, il ne manquait pas de « cognoscere ex officio suo ». Or, Dioclétien ne reconnaît point ce criterium, ou plutôt il le reconnaît dans la mesure où il est propre, lui aussi, à écarter la *datio judicis*. Pour les causes de la seconde catégorie (celles qui touchent à l'état des personnes sont expressément rappelées), la *datio judicis* demeure impossible. Mais en outre, à l'avenir, elle est également interdite, sauf *occupationes publicæ ou multitudo causarum*, pour les causes de la première catégorie. — En vérité, ce texte, où l'on voyait autrefois, à tort, l'abrogation définitive du juré (1), n'en présente pas moins un haut intérêt historique : il marque la fin d'une tradition, profondément altérée sans doute, mais reconnaissable. Tout de même qu'une autre survivance classique, celle des *formulæ juris* a trouvé cinquante ans plus tard son terme dans une constitution impériale déjà signalée (*suprà*).

juges repose sur une tolérance de l'empereur : leur rôle exceptionnel et modeste au Bas-Empire est bien montré par Julien, 8. C. Th. (1. 16) 5 C. J. (3. 3) en 362 ; Cfr. Orelli, *Inscr.*, n° 6431, et, en général, Bethmann-Hollweg, III, p. 117 et suiv. Lécrivain, *Le Sénat romain depuis Dioclétien*, Paris, 1888, p. 100 et suiv.

(1) Cfr. Pernice, Arch. Giur., p. 147.

CHAPITRE IV

LES COMPÉTENCES DÉLÉGUÉES

Que peuvent être ces causes dont parle Dioclétien et dans lesquelles le gouverneur prenait soin de « cognoscere ex officio suo » ? Sans doute on rappellera les hypothèses fort anciennes, où le magistrat « interposait son autorité pour mettre fin à des *controversiæ* (*suprà*, n° 14). Ces moyens ont leur source dans l'*Imperium* et les conditions d'exercice s'en trouvent dans l'Edit. — Mais, il y a plus, et Dioclétien a souligné les causes d'*ingenuitas* et de *libertinitas*. De fait, distinctes des questions auxquelles le magistrat investi de la *jurisdictio inter privatos* a pourvu *jure magistratus* (1), il en est pour lesquelles une investiture spéciale de la Loi vis-à-vis de tel magistrat déterminé est intervenue.

Deux traits spécifient normalement de tels cas :

Tout d'abord, le magistrat en connaît personnellement et seul. Personnellement, car l'affaire requiert son propre examen, sa *notio* (2) ; elle ne souffre pas

(1) Cf. Pap., 1, Quæst. (1. 22), 1.

(2) L'expression *notio*, qui se trouve dans l'*Edit sur les appels criminels*, dont la date est discutée (Girard, Textes, p. 209 : *ad principalem notionem*), est récente au Dig. Elle apparaît dans les réponses des jurisconsultes de la deuxième moitié du IIe siècle

délégation (1). Seul : à supposer qu'elle revête un

à des consultations. Le jurisc., en présence non pas d'une question juridique mais d'un point que la seule appréciation des faits de l'espèce permet de résoudre se borne à dire : *eum cujus notio est æstimaturum*. Il renvoie à celui devant qui l'affaire est pendante (juge ou magistrat suivant la nature de l'affaire), et qui a les éléments pour en décider. Ainsi : « ... a qua ætate juvenes et in quam intelligi debeant ? Marcellus repondit, quos verbis quæ proponerentur demonstrare voluerit testator, ad notionem ejus qui de ea re cogniturus esset, pertinere » (Marcell., *Resp.*, 32, loi 69, § 1. De même Scævola, *Digest.* 33. 4, loi 14 ; 34. 1, loi 15, § 1 et loi 16, § 1 ; 34. 3, loi 28, § 3 ; 44. 7, loi 61, § 1. V. aussi Paul, 2 *Vit.* 32, loi 78, § 1). La *notio* implique donc une activité propre, un examen personnel (Cf. Ulp., 2. 15, loi 8, § 1 en mat. d'Aliments. — 42. 6, loi 1, § 4 pour la *Sep. Bon.* — 43. 30, loi 3, § 3, quest. d'état. — 42. 1. 59, § 3. — *rappr.* 4. 2. 23, § 3). Ce sens subsistera (p. ex. C. J., 3. 8. 1 ; 7. 64. 3 ; 7. 43. 4 ; 3. 22. 9 ; 3. 3. 2 : examen notionis suæ. Vat. 271, 293 ; rescrits visant la *notio præsidalis* ; ceux où le *præses accommodabit* notionem suam, etc.). En même temps, *la notio* se dira de quiconque se trouve saisi, et par là l'acception peut en être plus large que celle de *jurisdictio* : « etiam ad eos pertineret qui jurisdictionem non habent sed habent de quavis alia causa notionem » (Ulp., 42. 1. 5 pr. Cfr. 50. 16. 199 pr.). — De là on passe aisément au sens de Compétence : dans les rescrits, la formule *is cujus de ea re notio est* est commode pour indiquer le juge auquel il appartient de statuer sans préciser davantage (p. ex. Com. ap. Call. 35. 3, loi 6. Anton. *ap.* Ulp., 36. 4, loi 5, § 16. — C. J. Alex, 4. 56. 2 : agatur causa apud eum cujus de ea re notio est. — V. aussi Ulp., 3. 6. 8 ; 48. 5. 2. 9). — Mais aussi la *notio* exprimera quelquefois les limites précises de la compétence de tel fonctionnaire (p. ex. Ulp., 1. 12, loi 1, § 4 ; 49. 1, loi 10, § 1. — Marcien, 48. 16. 1. 12 ; Hermog., 1. 18. 10 ; 49. 1. 26 ; Alex., 2. 36. 2 ; Gord., 9. 20. 4 ; Theod. et Val. 12. 1. 16).

(1) Cfr. les textes cités *suprà*, p. 19, n. 5. Aussi le Proconsul ne devait-il pas pouvoir déléguer de telles matières ; cfr. en matière d'aliments Ulp., 5. de O. T. (2. 15), 8, § 18 et rappr. ce qui est

caractère contentieux, magistrature et judicature sont
confondues, comme dans l'ordre administratif.

En second lieu, ce que la loi a conféré, la loi le peut
retirer. Des variations sont donc susceptibles de se
produire au cours du temps, dans la désignation du
magistrat. Sous l'Empire, le choix porte le plus souvent sur les consuls, chefs de l'administration, ou sur
des magistrats créés à cet effet. Une série de matières
échappe ainsi et à l'*ordo* procédural et à la *jurisdictio*
au sens étroit, celle des prêteurs judiciaires (1). En
même temps, cesse la concordance établie plus haut
entre l'activité judiciaire des prêteurs Urbain et Pérégrin d'une part, du *Praeses* de l'autre. Car, bien
entendu, le second trait ne s'observe pas en province :
le *Præses* qui d'ailleurs préside à l'administration
comme à la Justice civile assure celle-ci tout entière,
quels qu'en soient la source ou le mode.

L'intervention du législateur remonte à la République, dans un cas particulièrement important : la *Datio
tutelae*. — Sous l'Empire elle se relève tout particulièrement dans les matières concernant l'état des person-

dit, en fait de jus gladii et de coercitio : Venul. 2. O. P. (1. 16),
11 ; Ulp., 1, O. P. *eod. tit.* 6 pr. — Const. C. J. (1. 35), 1. —
Toutefois, une *oratio Marci* vint expressément accorder la *datio
tutelæ* au *legatus proconsulis* (Lic. Ruff. 1, 16. 15. Ulp., 26. 5,
1, § 1). — Quant à la *cognitio suspecti tutoris* elle était considérée comme partie intégrante de la *Jurisdictio* : rescrit de Sév.
et Ant. au proc. d'Afrique, visé par Ulpien, 35 ed. 26. 10, 1, § 4
et Macer, 1, De O. Praes. (1. 21), 4.

(1) Sur le sens large pris par le mot *jurisdictio* à l'époque
classique, voir Cuq, *Dictionn.*, *h. v°*.

nes. Nous devons considérer ces deux points, sauf à dire aussitôt un mot de fideicommis (1).

§ I. — *Le fideicommis.*

26. — Le fideicommis, cette disposition à cause de mort dont on abandonne le sort à la foi de qui la reçoit, prend à Rome une valeur juridique à partir d'Auguste et sur son ordre exprès (2). Plus tard, Claude affermit, dans la Ville, la compétence des *magistrats*, c'est-à-dire des consuls et à côté d'eux, du préteur spécial *qui de fideicommissis Cognoscit* ou *jus dicit* (3). En même temps, l'institution pénètre en province : la délégation en est confiée au Gouverneur de chacune d'elles (4).

(1) D'autres hypothèses sont signalées dans Pernice, *Arch. Giur.*, 1886, p. 134 et 135.

(2) Inst. Just., II, 23, 1 : « ... Augustus ... jussit consulibus auctoritatem suam interponere » ; cfr. Pernice, *Arch. Giur.*, p. 130.

(3) Pap. 12, Quæst. (38. 2), 41 use de la première tournure. Mais Pomponius, Ench. (1. 2), 2, § 32, de même Gaius, II, 278 avaient employé la seconde.

(4) Suétone Claud., 23 : « Jurisdictionem de fideicommissis quotannis et tantum in Urbe delegari magistratibus solitam, in perpetuum *atque etiam per provincias* potestatibus demandavit ». Claude a institué à la vérité deux prét. fid. Mais Titus en supprima un (Pompon., *loc. cit.*). — Depuis Hadrien les pérégrins sont d'ailleurs incapables de recevoir des Fidéic. (Gaius, II, 285). — Cfr. depuis le Sc. Pegasien, interv. du gouvern. pour forcer le fiduciaire à accepter l'héréd. Gaius, 17, Ed. Prov. (29. 4), 17, et Paul Sent. 4. 4. 2 où l'adition et restitution se fait *per magistratus municipales ex auctoritate præsidis*. — Type de Fid. par-

Il est d'ailleurs notable que les constitutions déter-
minent ici la compétence non point d'après le *forum
domicilii* mais d'après le *forum rei sitæ : Ut ubi petatur
fideicommissum ubi major pars hereditatis est* (*suprà*,
p. 53, n° 1). A la vérité des rescrits ont autorisé en
faveur de l'héritier une *Praescriptio fori* (1).

Ainsi fondée sur la volonté du prince, c'est de lui
que cette matière relève en définitive. Les divers magistrats, quel qu'ils soient et en province proconsuls
autant que légats, agissent ici en délégués. Un appel
de leurs sentences ne fait pas difficulté (2).

Aussi bien, la Procédure a la même nature en première instance et en appel. Le caractère « extraordinaire » qu'elle revêt dès l'origine a frappé les auteurs :
à la *petitio* des legs par *formule*, ils opposent la *perse-
cutio* des fideicommis ou encore la *Cognitio* qu'en font
divers magistrats, consuls, préteur ou gouverneur (3).
— Une conséquence remarquable est la possibilité
d'une sentence par défaut : en cas de fideicommis de

ticulier à certaines provinces (Afrique) dans Ulp., 2 Fid. (34. 1),
14, § 3.

(1) Ulp., 6 Fid. (5. 1), 50 et Marcien, 8, Inst. h. t. 51, *supra*,
n° 9.

(2) Marcellus, 15 Dig. (35. 1), 48 « et ita etiam Aurelius imp.
Antoninus ad appellationem ex Germania judicavit », texte
auquel se réfère Ulp., 23. Sab. (30), loi 49 pr. ; sauf différence
sur un détail. — Paul, 2 Décret (36. 1), loi 83 (81) : « Polycrates
fideicommissum petierat et obtinuerat apud Aurelium Proculum
proconsulem Achaiæ : appellatione facta, cum solum Phœbus
egisset μονομερῶς victus est quia... ».

(3) Gaius, II, 278-279. Ulp., 49 Sab. (50. 16), 178, § 2. Ulp.,
Reg., XXV, 12. *Supra*, p. 120.

liberté, si l'héritier cité par le préteur se refuse à comparaître, celui-ci peut statuer au fond *causa cognita*; dans le cas où il reconnaît que la liberté est due, tout se passe comme si l'affranchissement était effectué. Ainsi en décide le S. c. Rubrien (1).

§ II. — *Le jus dandi tutorem.*

27. — « La dation d'un tuteur, nous dit Ulpien, ne constitue un élément ni de l'*imperium*, ni de la *jurisdictio* : elle appartient à celui-là seul qui nominativement a reçu cette attribution de la loi, d'un senatus consulte ou de la volonté du prince » (2). — Affirmation qui ne saurait surprendre : la tutelle, institution d'ordre familial, participant pendant longtemps du caractère de la *potestas*, devait paraître, en tant que telle, hors l'emprise du magistrat (*suprà*, nº 1). L'organisation au vıᵉ siècle de Rome d'une tutelle dative, supplétive de

(1) Ulp., 5 Fid. (40. 5), 26, § 7. Sur le caractère administratif de l'*Evocatio a Prætore*, cfr. Boyé, *op. cit*, p. 156 et s. ; 191 et s.

(2) Ulp., 38. Sab. (26. 1), 6, § 2. Cette interprétation généralement donnée a eu besoin d'être défendue contre M. Wlassak aux yeux de qui la nomin. des tuteurs rentrait à l'origine dans les attributs du mag. super. La *Lex Atilia* aurait limité ce droit en appelant les tribuns à y participer. Ce que dit Gaius du *tutor prætorius* (1. 184) est invoqué en ce sens (Krit. Studien, 1884, p. 27 s.). Mais, observe M. Pernice (Arch. Giur., 1886, p. 118, n. 1), comment expliquer qu'une loi ait été nécessaire pour conférer, et cette fois sans restriction, ce même pouvoir au proconsul ? — Cfr. Leifer, p. 110-113.

la tutelle testamentaire ou légitime, envers tout *sui juris* impubère ou de sexe féminin, est l'indice que l'intérêt du groupe familial cesse de se présenter comme seul en cause. Prélude d'une intervention directe dans les rapports familiaux eux-mêmes (*infrà*, n° 30). Du moins, faut-il l'intervention du législateur : ce que la *lex Atilia* (568/126) permet dans Rome, la (ou les) *lex Julia et Titia*, de date incertaine, l'autorise dans les provinces : le Gouverneur de chacune d'elles assume la tâche confiée au préteur urbain et aux tribuns (1). — Même intervention de législateur et même concordance pour une tutelle *ad hoc* organisée afin de permettre à la femme ayant un tuteur légitime impubère de se constituer une dot : elle demandera un tuteur au *Prætor Urbis* en vertu de la *Lex Julia de maritandis ordinibus*, au *Præses* de la province en vertu d'un senatus consulte postérieur (2). — Mais tandis que cette compétence du *Præses* continue dans la suite d'être affirmée (3), à Rome, sous l'Empire, l'autorité tutélaire passe de main en main : consuls, *praetor tutelaris* spécial, *juridici*, préfets (4).

Contraste identique, quant à la compétence relative

(1) Gaius, I, 185, 195. Ulp. Reg., XI, 18, qui dit seulement *prætor*.

(2) Ulp. Reg., XI, 20, plus explicite que Gaius, I, 180.

(3) Gaius, 12 E. P. (26. 5), 5. Scæv. (26. 7), 58. Ulp. (26. 5), 6 ; (26. 1), 6, § 1 ; (26. 1), 15 ; (26. 5), 1, pr. Cfr. pour l'Egypte, Girard, Textes, p. 910, n° 8 — pour le *Juridicus* d'Alexandrie (1. 20), 2, — pour les *Juridici* d'Italie, *Vat.*, 205, 232.

(4) Cfr. Cuq, Man., p. 207. Girard, p. 211. Tryphon (27. 1), 45, § 3. Vat. 235.

aux suites de la tutelle. Un partage s'observe à cet égard entre préteurs urbain et tutélaire. Mais en province, le Gouverneur seul est apte à en connaître. En vertu de la loi encore, il statue en son tribunal sur l'*accusatio suspecti tutoris* (1) ; *motu proprio*, il exerce le *jus removendi tutorem* (2). Il délivre la formule du *judicium tutelæ* (3). Il contraint le tuteur récalcitrant à prendre en mains l'administration (4). Dans le cas où le tuteur ne place point dans les six mois l'argent du pupille, il connaît de l'affaire (5). Il décide en cas de contestation du lieu où se fera l'éducation de l'enfant (6). Au iiie siècle, il autorise l'aliénation des biens ruraux (7). Au décès du tuteur, il désigne un successeur (8). Il statue sur les motifs d'excuses (9). Bref, il

(1) Cfr. Pernice, *loc. cit.*, p. 110. Marc. (48. 16), 1, § 11. Au Code : (5. 43), 3 et 7.

(2) Julien (27. 10), 7, § 2, pour défaut de *satisdatio*. — Ulp. (26. 10), 1, § 3. C. J. (5. 42), 2.

(3) Gaius, 12 E. P. (27. 3), 14. Cfr. Diocl. (5. 51), 8.

(4) Ant. C. J. (5. 36), 1.

(5) Paul, Sent., 2. 14. 6.

(6) Ulp. (27. 2), 5. Alex. C. J. (5. 49), 1.

(7) Le Sc. ne parle que du Prét. Urb. et Ulp. (35 Ed., écrit sous Caracalla) semble s'attacher au commentaire du texte même. Mais v. du même Ulp. 27. 9. 11 (Cfr. Solazzi, *la minore Eta*, p. 113); 27. 9. 9. La mention du *Præses* se trouve aussi dans des rescrits de Caracalla (5. 72), 1 ; (5. 71), 1. Plus tard Gord. (5. 70), 2 ; (5. 74), 1 et 2, etc... Un texte de Gaius, 7 E. P. (6. 2), 13, § 2, suppose une vente *tutore auctore lege non prohibente* ; particularité de l'Edit prov. ou interpolation (Rudorff) ?

(8) Val. et Gall. (5. 42), 2.

(9) Ulp., 2 de O. P. (27. 1), 25 et cfr. 1 de O. P. (1. 16), 9. 1 et 2 de O. P. (50. 17), 71 (Lenel, 2149).

lui appartient souvent de déférer ce *munus* qu'est la tutelle, toujours d'en contrôler l'exercice (1). — A la tutelle de l'impubère et de la femme, il faut joindre d'ailleurs la curatelle du fou ou du prodigue (2), non point celle, exceptionnelle, que le magistrat établit sur sa demande au profit du mineur de 25 ans (3).

Est-ce à dire que seul en province, le Gouverneur soit investi du *jus dandi tutorem* (4), ait qualité pour conférer le *munus* ? Attesté pour les magistrats des cités latines, ce droit a pu être contesté à ceux de cités de citoyens (5). Pourtant, les textes du début du IIIe siècle semblent bien marquer que le choix d'un tuteur donne lieu de la part du magistrat soit à dation directe, soit à enquête suivie de présentation au *Præses* qui

(1) Cfr. p. ex. Ulp. (50. 4), 9 où d'ailleurs *Præsides* est mis pour *Consules*. *Tutor* et *Judex* sont parfois assemblés (1. 14, 4 not.) ; de fait p. ex. un fils de fam. pourra être l'un et l'autre. Cfr. Philippin, *le fils de famille tuteur*, Mel. Cornil, 1926. Noter pourtant que la tutelle légit. ne saurait être considérée comme un *munus* : elle échappe aux Excuses (Solazzi, p. 274).

(2) Cfr. p. ex. Julien cité ci-dessus. Paul, 1. O. P. (27. 10), 2 et 3. O. P. (26. 5), 12. V. aussi (27. 10), 1 et (26. 5), 8, 3.

(3) C'est dans les prov. d'Orient que l'usage de la désignation d'office semble s'être formé. Cuq, Man., p. 230.

(4) Cfr. p. ex. Ulp., 36 Ed. (26. 5), 3 ; (27. 8), 1, § 1 — 1 App. (49. 4), 1, § 1.

(5) Sur cette question, cfr. Karlowa, *Röm. Rechtsgesch.*, p. 596 qui repousse la théorie de Mommsen, refusant le *jus dandi* aux mag. munic. Celui-ci observe surtout que ni Gaius ni Ulpien ne mentionnent les mag. mun. ; que d'autre part la responsabilité pécuniaire dont ils sont passibles ne s'accorde pas avec le *jus dandi*. Pr. les cités latines, *lex Salp.*, 29.

décide (1). Où ce recours s'impose, c'est notamment quand aucun idoine ne se trouvant dans la cité, il le faut chercher dans une cité voisine de la même province (2). — C'est de nouveau le problème de la compétence qui appelle en cette matière des développements particuliers. Deux questions en effet se posent : Quelle latitude ont les autorités tutélaires dans le choix de la personne grevée du *munus* ? Puis, en présence de quel incapable, pupille ou femme, sont-elles aptes à le déférer ?

28. — Sur le premier point, on ne peut guère hésiter. A l'instant nous avons rencontré une application de la règle naturelle selon laquelle un magistrat ne saurait nommer qu'un de ses justiciables : « Nul ne saurait donner comme tuteur quelqu'un qui échappe à sa juridiction, c'est-à-dire un non originaire ou un non domicilié » (*suprà*, n° 9). Il semble même qu'ici il n'y ait à retenir pratiquement que le fait du domicile. Car Ulpien cite un rescrit de Marc Aurèle aux termes duquel quiconque est appelé à la tutelle dans une province où il n'a point de domicile s'en peut faire

(1) Pour la dernière hypothèse p. ex. Paul (26. 7), 46, § 6. — Diocl. (5. 34), 6.

(2) Ulp. (27. 8), 1, § 10 ; rescrit de Marc-Aurèle cité par Paul (26. 5), 24 ; rappr. Ulp. (26. 5), 3, texte proclamant le droit de tous les mag. munic. mais quelque peu suspect (*eoque jure utimur*).

(3) Diocl. (5. 34), 5, texte dont le début précisant les autorités tutélaires est donné comme interpolé par Solazzi, *La minore eta nel dir. rom.*, 1913, p. 249 en note. Cfr. Vat. 166, form. du *jus nom. pot.* : « *morantem eo loco* ».

excuser ; cette faculté doit donc être ouverte à l'originaire non domicilié. Toutefois, il ne s'agit que d'une excuse et sous peine d'en perdre le bénéfice, il sera nécessaire de le faire valoir dans le délai fixé auprès du Gouverneur qui a convoqué (1).

De même qu'il peut désigner son seul justiciable, le Gouverneur ne doit, semble-t-il, pourvoir que les incapables originaires ou domiciliés, ses justiciables. C'est bien là la formule d'Ulpien (2). Pourtant dans le temps même où il écrit, une tendance se dessine où l'on retient non plus la personne mais la situation des biens ; au Bas-Empire, nul doute que ce point de vue ait triomphé. Peut-être aussi, le contraste est-il plus encore dans la forme que dans le fond : au moins pour les pupilles, la première considération a pu conduire à la seconde. Il semble en effet que le tuteur régulièrement nommé par le Gouverneur de la province d'origine (par exemple) n'était point par là même placé à la tête de tout le patrimoine : un texte de Papinien considère une personne ayant son origine en province et son domicile à Rome. Son « curateur » constitué par décret du *Praeses* et du Préteur a pris dans l'un et

____

(1) Vat. 203 (an 175). Cfr. 173. Extr. d'Ulp. de Off. Pr. Tut. — Cfr. Paul (27. 1), 46, § 2 (rescrit de Sév. et Ant.). Ulp. (27. 1), 19.

(2) Ulp., 39 Sab. (26. 5), 1, § 2 : « Quod autem permittitur tutorem dare provinciæ præsidi eis tantum permittitur qui sunt ejusdem provinciæ vel ibidem domicilium habent ». Texte dont Loiseau, *de la comp. territ. des mag. rom. investis du jus d. tut.* N. R. H., 1886, p. 375 et 382, veut restreindre la finale à la tutelle des femmes.

l'autre cas (*utrobique*) l'administration des biens. Papinien décide qu'en l'espèce il n'y a pas deux curatelles, de même qu'il n'y a pas deux patrimoines (1). Il paraît bien résulter de ce texte que l'incapable ou ceux qui l'entourent devaient requérir la dation d'un tuteur et au lieu d'origine et au lieu du domicile. La conséquence fréquente devait être la pluralité des tuteurs, à moins que, comme dans l'hypothèse précédente, on pût trouver une personne justiciable à la fois des divers magistrats intéressés. Cette pluralité n'offre d'ailleurs rien de choquant : il était dans la pratique, non pas constante mais très générale des Romains, de nommer par testament un tuteur pour les biens italiques et un autre pour les biens provin-

---

(1) Pap., 5 Resp. (27. 1), 30, § 1 : « Cum oriundus ex provincia Romæ domicilium haberet ejusdem curator decreto præsidis ac prætoris constitutus rerum administrationem utrobique suscepit. Placuit eum duas curationes administrare non videri quod videlicet unius duo patrimonia non viderentur ». Pour le curateur visé ici, v. Solazzi, *op. cit.*, p. 173. La conséq. doit être notamment qu'il sera tenu un seul compte ; rappr. Pap. (26. 7), 39, § 7. — Toutefois, il est un texte délicat : il s'agit de l'application de l'*oratio Severi* (195) subordonnant l'aliénation des *prædia rust. vel sub.* à l'autoris. du *préteur urbain*. « Illud quæri potest si prætor aditus permiserit distrahi possessionem provincialem an valeat quod fecit. Et putem valere, si modo tutela Romæ agebatur et hi tutores eam quoque administrationem subierant » · Ulp., 35, ed., 27. 9. 5. 12. Mais c'est là une circonstance spéciale. Le texte parlait des fonds ruraux en général. Ulp. se montre partisan d'une large interprétation du texte. Le Sc. n'a pas tardé à être étendu aux prov. et dès lors, c'est aux Gouverneurs qu'il a fallu s'adresser, au Gouv. du lieu, précise Diocl. (5. 71), 16.

ciaux (1). Ainsi étaient évités des inconvénients assez
sérieux : surveillance difficile, déplacements, frais (2).

Origo ou domicile : mais qu'est le domicile? Nous
savons que cette dernière notion a une valeur avant
tout économique. Le domicile : c'est le lieu où chacun
exerce son activité, fait valoir ses intérêts. *Paterfamilias*, le pupille impubère, à défaut d'activité propre.
a du moins des intérêts propres, ceux notamment que
lui a transmis son père. La même considération économique qui conduit à s'attacher pour l'homme fait
aux lieux (un ou plusieurs) choisis par lui comme cen-
tre de ses affaires, porte à envisager ici le ou les lieux
où sont situés en fait les intérêts du pupille dont le
tuteur assumera la gestion (3). Qu'importe où vit
actuellement le pupille si ce dont il vit se trouve ailleurs? C'est bien là, semble-t-il, le point de vue de
Caracalla dans un rescrit de 216. L'empereur s'adresse
à la mère des pupilles. « Les magistrats de la Cité
d'où tes fils tirent leur *origine* de par la condition de

(1) Cfr. Paul dans Vat., 229 : « tutores do... a quibus peto,
ut tutelam liberorum meorum gerant ita, ut ea quæ in Asia reli-
quero, Aurelius, ea autem quæ in Italia, Optatus administret ».
Un *contractus* est dit *provincialis* dès lors que les débiteurs ne
sont point eux-mêmes en Italie ou n'y possèdent pas de biens
(Scæv., 26. 7. 47. 2).

(2) Rappr. la formule assez énigmatique de Pap. (26. 7), 36.
V. aussi Paul (46. 3), 100.

(3) Sans doute serait-il excessif de dire avec Loiseau, *loc. cit.*,
que les Romains n'ont jamais appliqué à l'impub. la notion du
domicile. Ils affirment seulement que le dom. du père ne se
transmet pas au fils (*supra*, p. 51, 56).

leur père (à cet égard la donnée ancienne est respectée) ou ceux de la cité où se trouvent leurs *facultates*,
leur fortune, leur assureront des tuteurs. Si la province où tes fils demeurent n'est point leur province
d'origine et s'ils n'y possèdent rien, qu'ils retournent
pour y demeurer dans leur patrie et là où ils ont un
patrimoine ; ils obtiendront alors des protecteurs
légaux » (1). Ainsi la résidence ne détermine nullement la compétence. Aussi bien elle ne suffit pas
davantage à la déterminer relativement au *sui juris*
pubère. Pour ne point coïncider, les deux points de
vue du domicile et de la situation des biens sont
cependant loin d'être sans rapports. S'agit-il d'un
impubère, l'empereur estime qu'il ne saurait mieux
faire que d'aller vivre dans sa patrie ou du moins en
un lieu où il possède quelques ressources : là, semble
dire le rescrit, est son domicile tout indiqué.

Voici d'ailleurs, selon Ulpien, ce que le même Empereur écrivait au préteur tutélaire : « Qu'il se garde de
donner un tuteur à des pupilles résidant à Rome mais
dont les biens sont situés dans les *régions* dépendant
des *juridici*, à plus forte raison si le patrimoine se

(1) Ant. (5. 32), 1 : « Magistratus ejus civitatis unde filii tui
originem per conditionem patris ducunt, vel ubi eorum sunt
facultates tutores vel curatores his quamplurimum secundum
formam perpetuam dare curabunt. Quod si filii tui neque possident quicquam in provincia ubi morantur neque inde originem
ducunt, restituti apud patriam suam et ubi patrimonium habent,
morabuntur, et ibi defensores legitimos sortientur ». Cfr.
Solazzi, *Minore Eta*, p. 15 ; Taubenschlag, *Vormündschaftsrecht. Studien*, 1913, p 66.

trouve en province » (1). Plus tard, Dioclétien subordonne l'aliénation par le tuteur d'un fonds dans les provinces à l'autorisation du *praeses* de la situation du fonds (2). Au ive siècle, une formule générale sera donnée par Hermogénien : « Si un pupille a une fortune (*facultates*) dont les éléments se trouvent tant à Rome qu'en province, le préteur donnera un tuteur pour les biens de Rome, le *praeses* pour les biens provinciaux » (3). Du domicile et même de l'*origo* on ne parle plus : déterminée *ratione personae*, la compétence du gouverneur s'exerce maintenant *ratione loci*. Mais, il le faut souligner, en dépit de ce déplacement, une scission dans l'administration du patrimoine devait se produire souvent dans les premiers siècles. Au cours du temps il a paru préférable d'éliminer ici la notion du domicile comme ne serrant pas d'assez près la réalité. — Comme la serrant de moins en moins : avec le iiie siècle s'annonce la détresse financière qui accompagnera la fin du monde antique. Les placements sont peu sûrs ; l'immeuble commence de jouer ce rôle d'élément stable dans les fortunes qu'il gardera des siècles

(1) Vat., 232 (Ulp., de Off. Pr. Tut.) : « Observari autem oportet ne his pupillis tutorem det qui patrimonia in his regionibus habent, quæ sunt sub juridicis, ut prætori imperator noster rescripsit, multo magis si in provincia sit patrimonium licet is cui petitur in urbe consistit ».

(2) Diocl. (5. 71), 16 : « sine decreto præsidis prov. in qua situm est ». Cfr. Solazzi, p. 116, n° 1.

(3) Hermog. (26. 5), 27 pr. : « Pupillo qui tam Romæ quam in provincia facultates habet rerum quæ sunt Romæ prætor, provincialium præses tutorem dare potest ».

durant. L'*Oratio Severi* de 195 est elle-même un signe de cet état de fait. A la fin du IVe siècle, une place sera donnée dans le régime des compétences au *forum rei sitae* (1).

Il est bon d'observer que relativement à la tutelle testamentaire l'influence de ce même facteur s'est fait aussi sentir. Le testateur, en effet, ne prenait pas toujours le soin d'établir des tutelles distinctes, d'après la situation des biens. Charge qui pouvait être lourde ; et pourtant la jurisprudence en venait à refuser à la personne désignée par le testament la faculté qu'elle possédait autrefois *d'abdicare*, de refuser la tutelle (2). C'est sans doute afin de tempérer la rigueur de cette solution nouvelle que, dès le temps de Marc Aurèle, on reconnut au tuteur testamentaire la possibilité de s'excuser relativement aux biens sis dans une circonscription judiciaire différente de celle dont il dépendait (3). En conformité du principe général (*suprà*, n° 9), l'Excuse devait être invoquée auprès du Gouverneur même des biens qu'elle concernait. Une fois admise, celui-ci agissant (nécessairement cette fois) *ratione loci* avait à pourvoir d'un tuteur la portion du patrimoine abandonnée (4). En matière de tutelle tes-

(1) Cfr. Girard, *Man.*, p. 220. Val. et Th. C. J. (3. 19), 3. — *supra*, p. 53, n° 1.

(2) Ulp , Reg., XI, 17 rappelle ce droit. Ses œuvres portent ainsi la trace des diverses conceptions en présence.

(3) Vat., 205.

(4) Marc. (27. 1), 21, § 2. Ce *datus tutor* placé à la tête de l'*universum patrimonium* doit être un tut. testam ; cfr. Loiseau, *op. cit.*, p. 386.

tamentaire, on n'alla jamais plus loin : Alexandre
Sevère insiste sur la nécessité de demander l'Excuse ;
passé le délai de 50 jours, le gouverneur ne peut plus
que nommer, *propter late diffusum patrimonium*, des
curateurs qui diminueront le fardeau mais non point
la responsabilité pesant sur le tuteur (1). C'est que,
dans cette hypothèse, la volonté du testateur est un
élément dont on ne peut faire abstraction, et il est
déjà grave que, par l'Excuse, elle ne reçoive pas pleine
satisfaction (2).

§ III. — *Les questions d'Etat.*

29. — L'intervention fréquente du législateur dans
les questions relatives à la liberté plus généralement à
l'état des personnes est un trait marquant de l'époque
impériale (3). La tradition fait d'ailleurs aller de pair
les *liberales* et les *famosissimæ causæ* (4). C'est que l'ordre
public et l'ordre privé, se rencontrent ici nécessaire-

---

(1) Alex. C. J. (5. 62), 11. La finale se retrouve, rédigée un
peu différemment (5. 36), 3. Sur le délai de 50 jours, Cfr. Vat.
155, 156. Rappr. Pomp. (26. 1), 13. — Cfr. Taubenschlag, *op*.
cit., p. 51.

(2) Vat. 205 : « Verum quia non in plenum voluntati paret,
legati petitio denegabitur, idque divus Marcus in eo qui se a re
provinciali excusavit rescripsit ».

(3) Cfr. Girard, *Man.*, p. 122. Cuq, p. 98.

(4) Isid. de Sév. Orig., XV, 2. 10 (dans Bruns, t. II, p. 84).
Cfr. sans parler des trib. spéciaux de la Rép. Gaius 5. E. P.
(50-17), 122. Paul, 13 Ed. (4. 8), 32, § 7. Diocl. (9. 41), 9 au
Præses Syriæ.

ment. Les diverses lois portées sous Auguste, en particulier la loi *Ælia Sentia*, portèrent atteinte à la liberté du citoyen de faire de son esclave un autre citoyen : l'affranchissement, dans nombre de cas, perdit quelque chose de son caractère gracieux (*suprà*, n° 10). Aussi bien cet acte n'a jamais pu faire de l'ex-esclave plus qu'un affranchi : il ne dépend pas du maître seul d'effacer dans le passé la tache de la servitude (1). Politiquement et civilement, l'Affranchi est dans une condition inférieure. Contre la *collusio ingenuitatis* grâce à laquelle l'affranchi, d'accord avec son patron, parvient à être reconnu en justice pour ingénu, des mesures se succèdent : d'abord S. C. sous Domitien (2); puis Constitution de Marc Aurèle permettant d'attaquer dans les cinq ans la sentence prononçant l'ingénuité (3); *oratio* (peut-être identique à l'acte précédent) défendant d'agir en reconnaissance d'ingénuité auprès des Consuls ou des *Praesides* (4) cinq ans après l'affranchissement. Ce

---

(1) Cfr. Cic. *in Verr. act. sec.*, I, 48 : « quos numquam liberos putavit, libertinos homines ».

(2) Gaius ad. Ed. Præt. Urb. (40. 16), 1.

(3) Ulp. 2 de Off. Cons. (40. 16), 2. Marc. de del. (40. 15), 1, § 3.

(4) Venul. 1. off. Proc. (40. 14), 2, § 1. Pap. 22 Q. (40. 14), 4; sur ce texte Girard, *Man.*, p. 105, n° 2. A Rome, apparaît ici un *Prætor de liberalibus causis* (Pernice, A. Giur., 1886, p. 132-133). — Cfr. le S. C. *de agnoscendis lib. et rest. natal*, cité par Pline, X, 72 (77) et prévoyant une *Cognitio* des procons. — Et au iiie siècle, les textes relatifs aux captifs rachetés à l'ennemi : esclaves de qui les a rachetés, ils sont déclarés libres et ingénus par le *Præses*, s'ils remboursent la somme ; cela en vertu du *jus postlim.* et (plus exactement) de la *communis utilitatis ratio* (Diocl. 8. 50 ou 51. 6. Cfr. h. t. 5, 7, 8 etc... 7. 14. 4).

délai passé, insiste Venuleius dans son *De Officio Pro-consulis*, on ne peut que recourir à la *Cognitio* du prince (1). De même que le Prince, de même que les consuls, les Gouverneurs ont dû très vite (2) décider administrativement de ces catégories d'affaires, ingénuité ou liberté. Il en est sûrement ainsi au IIIe siècle (3). Dès lors une procédure par défaut était possible (4). Une autre conséquence est que, commencé sur le terrain civil, le procès pouvait prendre un aspect criminel :

(1) Venul. 1. *De Off. Proc.* (40. 14), 2, § 2.

(2) L'Edit consacrait un *præj. qua quæritur aliquis libertus sit* (Gaius, IV, 44). Il est douteux qu'il contint une telle formule en mat. de liberté (Cuq, *Man.*, p. 82. Girard, p. 104). Au IIe siècle, cfr. Pline et Traj. 65-66, au sujet de la question (intéressant toute la Bithynie) des enfants exposés, recueillis et élevés dans la servitude. La réponse de Traj. est caractéristique de sa manière. Constatant que les princes ses prédécesseurs n'ont pas porté de const. applicable à toutes les provinces en ce domaine, il ne songe pas à la porter lui-même ; il lui suffit d'indiquer clairement la solution pratique que commande cet état de chose. « Nec *adsertionem* denegandam iis qui ex ejusmodi causa in libertatem *vindicabuntur* » et en effet la lib. est inamissible, « neque ipsam libertatem redimendam pretio alimentorum » en l'absence de textes. Il est difficile de savoir exactement la procédure visée. Les termes sont ceux des actions de la loi.

(3) Le *jus ordinarium* est alors que la question d'Etat préjudicielle soit réglée d'abord avant le procès purement civil (de heredit. 3. 8. 1 au C. J. — 7. 19. 2. — *Rer. Amot.*, 7. 19. 6. — Dettes : 7. 19. 5.) ou criminel (7. 19. 1 et 3).

(4) Cfr. à cet égard, Ulp. 2, De Off. Cons. (40. 12), 27, § 1, où *judices* est substitué partout à *Consules*, sans préjudice d'autres remaniements. Pap. 10 Resp. (40. 14), 5. — Rappr. Paul Sent., 2. 21 a 17 où le décret a un caractère gracieux.

ceux qui *de ingenuitate cognoscunt* peuvent condamner jusqu'à l'exil le plaideur téméraire (1).

30. — Mais les empereurs, au cours du second siècle, en viennent à étendre la notion de l'ordre public. Le principe est alors que, dans l'intérêt de l'Etat « nul ne doit mal user de son droit ». Gaius, en le formulant, a directement en vue un domaine où le législateur s'était gardé de pénétrer jusqu'ici : celui des rapports personnels entre maîtres et esclaves (2). « *Aujourd'hui,* il n'est permis ni au citoyen romain, ni à quiconque se trouve sous l'*imperium* du peuple romain, de punir outre mesure et sans cause ses esclaves ». L'empereur est intervenu directement, mais il agit par l'intermédiaire des autorités provinciales, qui toutes sont ici encore ses déléguées. C'est le fait même des esclaves qui a d'ailleurs provoqué en partie cette intervention. Consulté par divers *praesides* au sujet d'esclaves qui s'étaient réfugiés dans les lieux consacrés ou auprès des statues de l'empereur, Antonin le pieux ordonne de contraindre les maîtres trop cruels à s'en desaisir (3). Ulpien, dans son *De Officio Proconsulis,* nous a conservé

---

(1) Paul Sent., V, 1. 17. — Ulp., 2, *De Off. Cons.* (48. 2), 16 suppose une accusatio formelle *in publicis judiciis.*

(2) Gaius, 1. 53 : « Male enim nostro jure uti non debemus ».

(3) Gaius, *id.* où est signalé d'ailleurs une autre const. d'Antonin suivant laquelle le délit est le même de tuer son esclave ou l'esclave d'autrui. Cfr. déjà Hadrien, ap. Coll. (3. 3), 4. — Noter le rapprochement des *fana deorum* et des *statuæ principum* — Sur ce texte, cfr. Kniep, *Gai. Inst.,* 1911, p. 21 ; et pour l'expression *hoc tempore, Der Rechtsgel. Gaius,* p. 67.

le texte d'un de ces rescrits adressé à un proconsul de
Bétique. « Connais, dit l'empereur, des plaintes formu-
lées par ceux qui appartenant à la maison de Julius
Sabinus, ont cherché un refuge *ad statuam,* et si tu te
rends compte qu'ils sont victimes d'une excessive
dureté ou de traitements infâmes, ordonne de les vendre,
de telle sorte qu'ils ne retombent plus sous la *potestas*
de Sabinus. Que si ce dernier enfreint ma constitution,
qu'il sache que je poursuivrai le délit avec une plus
grande sévérité (1) ». — De même, au libelle d'un
dominus, Antonin répond en 152 : « Traite bien tes
esclaves ; car s'il apparaît que tu ne peux suffire aux
dépenses qu'ils entraînent ou que tu exerces sur eux un
pouvoir trop rigoureux, le proconsul prendra les
devants, de crainte qu'il n'arrive quelque chose de
plus grave et, *de par mon autorité,* te contraindras à les
aliéner » (2). Il est clair que le proconsul n'est qu'un

______

(1) Ulp. 8, *de Off. Proc.* ap. Coll. (3. 3), 1. 3. Le principe posé
est d'ailleurs ici « nec cuiquam hominum jus suum detrahi ».
Vient ensuite le tempérament : « Ideoque cognosce de querellis
eorum qui ex familia Juli Sabini ad statuam confugerunt et si
vel durius habitos, quam æquum est vel infami injuria adfectos
cognoveris, venire jube, ita ut in potestatem Sabini non rever-
tantur. Quod si meæ constitutioni fraudem fecerit, sciet me
admissum severius executurum ». — Cfr. au Dig. (1. 6), 2 ;
Inst. J. 1. 8. 2.

(2) Ulp. ap. Coll. (3. 3), § 5-6 : « Ne si apparuerit vel inparem
te inpendiis esse vel atrociore dominationem saevitia exercere
necesse habeat proconsul v. c., ne quid tumultuosius contra
accidat, prævenire et ex mea jam auctoritate te ad alienandos
eos compellere ». Cfr. encore Ulp. 8. De Off. Proc. rescrit des
diui fratres (48. 18), 1, § 27.

agent d'exécution, un juge-délégué (1) : le rescrit doit lui servir d'instruction (2). — Aussi bien, il reste vrai de dire, avec Marcien, que l'esclave ne compte pas plus *extra ordinem* que *jure civili* ou *praetorio* (3). Pourtant, ici encore, l'empereur a introduit quelque adoucissement : Marc Aurèle permet dans certains cas à l'esclave de figurer en justice contre son maître. Ainsi, désireux d'intéresser l'esclave à sa tâche, le maître a promis de l'affranchir le jour où un pécule augmenté lui serait présenté. Mais en fait, ayant pris la somme, il n'affranchit pas : le gouverneur le contraindra à tenir sa parole, sa *fides*, seule garantie de l'esclave. En revanche celui-ci est averti (*denuntiatio*) qu'en cas d'échec, il sera donné *in opus metalli* (4).

La *potestas* atteint les hommes libres ; sous l'Empire, le législateur s'immisce pareillement dans les rapports personnels entre *paterfamilias* et *filiusfamilias*, auxquels on joint souvent ceux que l'affranchissement a fait naître entre l'affranchi et le patron (5). Selon Ulpien, de telles questions peuvent être réglées *de plano* par le Pro-

---

(1) Rappr. le *ex mea voluntate* de Traj. à Pline, X, 48 (57).

(2) Cfr. sur les rescrits adressés directement au juge, Pernice, Arch. Giur., 1886, p. 140. Andt., *Proc. par rescr.*, p. 119-120.

(3) Marcien, 2 Inst. (48. 10), 7. — Cfr. Wlassak, *Krit. Stud.*, 1884, p. 78.

(4) Id. (40. 1), 5. Sur la nature de la peine, cfr. Ulp. 10 de Off. Proc. (48. 19), 9, § 6. Sur les conventions de ce genre, Girard, Man., p. 99.

(5) Rappr. Gaius, I, 53 où l'incap. tradit. (*moribus*) du prodigue est rattachée au principe condamnant le mauvais usage d'un droit.

consul, tant du moins qu'elles ne présentent pas une grande gravité. Un châtiment corporel en est souvent la suite (1). Entre patrons et affranchis, Alexandre Sévère, puis Valérien et Gallien, en une formule qui semble de style, rappellent au Gouverneur qu'il doit veiller à la réparation du préjudice et, s'il y a eu *crimen*, porter une peine (2). — De la part du père, ce recours à la justice s'impose maintenant dès lors que la sanction doit dépasser les bornes d'une « castigatio » (3). Car la *patria potestas* est dépouillée aux iie et iiie siècles de ses attributs antiques sur ce point (4). Alexandre Sévère note d'ailleurs que le Gouverneur prononcera la sentence même que désire le *pater*.

Mais la notion de *Potestas* tend à perdre quelque chose de son caractère unilatéral : elle peut entraîner des devoirs que la loi sanctionne : « *Reipublicae interest mulieres dotes salvas habere propter quas nubere pos-*

---

(1) Ulp. 1, Off. Proc. (1. 16), 9, 3 — 9. *ibid.* (37. 14), 1.

(2) Alex. (5. 37), 10 en 231, et Val. et Gall. (2. 30 ou 31), 3, § 1, en 261. — Les *mandata.* visaient d'ailleurs ce point (Mod. 37. 14. 7. 1). Rappr. Alex. (6. 6), 4. Diocl h. t. 17. V. aussi l'obl. pr. l'affranchi de ne point citer son patron, conformément à l'*Ed. perpétuel* Gord. (2. 2), 2.

(3) Alex. Sév. 8. 46 (47), 3. Si pietatem patri debitam non agnoscit, castigare jure patriæ potestatis non prohiberis ; acriore remedio usurus si in pari contumacia perseveraverit eumque præsidi provinciæ oblaturus, dicturo sententiam, quam tu quoque dici volueris. — Pour la *reverentia* due à la mère, cfr. la c. 4. Val. et Gall. — Rappr. Gord. 2. 26 (27), 2 : proconsul prononçant nullité d'une Emanc.

(4) Cfr. p. ex. Sénèque, *De Clem.* 1. 15, citant une *cognitio patris* sous Auguste.

sunt » (1). Les Gouverneurs, suivant constitution de Sévère et Caracalla, contraindront les *patres* à marier et à doter leurs filles (2).

Plus encore : la notion de *Potestas* cesse de régner seule dans le domaine de la famille. Une obligation alimentaire est reconnue entre descendants et ascendants, patrons et affranchis. Les Gouverneurs en assurent le respect (3).

Ainsi va s'affaissant la puissance du *Pater*. L'ordre social n'a plus d'autre fondement que l'autorité publique, et celle-ci, dans la mesure où le veut l'intérêt public, contrôle et réprime. De là, au IIIe siècle, à Rome, la compétence du *Praefectus urbi*, concurrente de celle des consuls ou prêteurs administratifs, qui eux-mêmes avaient supplanté au second siècle le prêteur urbain (4).

(1) Paul, 6. Ed. (23. 3), 2.

(2) Marcien, 16 Inst. (23. 2), 19. On sait toute l'obscurité de ce texte. En tant qu'il vise les *liberi in potestate*, il ne doit point être de Marcien (Cfr. Moriaud, *Du cons. du père au mar.* Mél, Girard, 1912, II, p. 303). Quant aux femmes, quelle est la portée exacte de la Const. de Sév. et sa position par rapport à la *lex Julia* ? A-t-elle pour objet d'étendre aux prov. une mesure en vigueur à Rome (*ibid.*, p. 299) ? Quelle était l'autorité compétente dans la ville (prét. urb., selon M. Moriaud ; consuls, selon Pernice, *Arch. Giur.*, p. 131 ; Girard, Man., p. 158, n. 1 ; cfr. Momms. qui lit *consules præsidesque prov.*) ? Autant de points controversés.

(3) En particulier Ulp., 2 : *De Off. Consulis* (25-3), 5, pr. « *judex* de ea re cognoscet » (34. 1), 3, etc... Ulp. 5 De O. T. (2. 15), 8 : nécessité en vertu d'une *Oratio Marci* de *l'auctoritas prætoris*, pour la validité des transactions à cet égard. — Gord. C. J. (2. 4), 8. Diocl. (8. 46), 9.

(4) Rappr. entre escl, et maître : Marcien (40. 1), 5. Paul (40.

§ IV. — *Transition au Bas-Empire.*

31. — Mais l'autorité publique même, qu'est-elle ?
Le rôle grandissant de ce préfet, des préfets faut-il
dire, montre qu'elle ne met plus tant de formes à
découvrir sa nature. Les divers préfets, du prétoire, de
la ville, de l'annone, des vigiles, sont purement et simplement des agents de l'empereur ; ils n'évoquent rien
de l'ordre républicain, exception faite pour le *Praefectus
urbi* de rang sénatorial, lointaine et trompeuse image
du délégué que nommaient parfois dans les premiers
temps les magistrats suprêmes : à ce titre le Préfet de
la Ville compte lui-même parmi les magistrats. Du
moins ne dit-il pas le droit *jure suo*. Et quant aux
autres préfets, ils sont proprement *extra ordinem* (1).
Entendons que leur fonction, née de l'ordre de chose
nouveau, répond aux exigences de l'état présent : les
titulaires en sont désignés d'après leurs aptitudes personnelles : ils ont généralement fait du droit une étude
spéciale ; ce sont des administrateurs de carrière (2).
Dès lors, tôt ou tard, ils sont appelés, selon un phé-
nomène fréquent dans l'histoire administrative (3), à

1), 9 où la concord. est établie entre *Præf. Urb.* et *Præses*. Esclaves « ad statuas » et aliments dus aux patrons : Ulp., De off.
P. Urb. (1. 12), 1, § 1, 2, 8. Rappr. entre par. et enf. Ulp. 1, Op.
(37. 15), 1, § 2.

(1) Cfr. Pomp. (1. 2), 2, § 33.

(2) Cfr. Krüeger, *Sources*, p. 188. Depuis Hadrien, des emplois
civils permettent de débuter dans la carrière équestre.

(3) Rapprocher le cas des baillis et sénéchaux du Moyen-âge.

recouvrir, à annihiler les témoins du passé auxquels il ne restera finalement qu'un titre nu.

Mais, il est essentiel de noter que, dans le cas présent, le fait se limite à la ville de Rome (1). Plus que jamais celle-ci contraste avec la province. Il ne suffit plus de dire comme Proculus au Ier siècle que le gouverneur tient la place de tous les magistrats de Rome, ni comme Gaius, que sa *jurisdictio* spécialement est celle des deux préteurs urbain et pérégrin (*suprà*, n°s 6, 11). Ulpien creuse le point de vue compétence (*suprà*, n° 17), et il note le caractère universel de cette *jurisdictio, jurisdictio plenissima* : elle équivaut à la *jurisdictio* de tous ceux qui à Rome disent le droit *vel quasi magistratus, vel extra ordinem* (2). Marcien oppose

(1) En prov., il y aurait seulement à noter la concurrence existant entre les mag. sen. et les *procuratores* du prince, investis de tout ou partie de la juridiction fiscale. Les derniers en profitaient pour empiéter sur le domaine des prem. — Cfr. déjà Tac. Agric. IX. Nous ne pouvons insister sur ce point. V. p. ex. pour les causes d'ingén. et liberté : Diocl. (7. 21), 7 et le règlement du même dans (3. 22), 5, en 294. En mat. d'aliments, Ulp. 5 de O. t. (2. 15), 8, § 19. Rappr. Ulp. Coll. XIV, 3. 1-3, Gord. (9. 20), 4, pour la *Lex Fabia* ; et les questions pouvant naître de l'existence dans la province de districts miniers qu'administrent les *Procuratores metallorum* (Cfr. Cuq, *Mél. Gérardin*, 1907, p. 128 s.). En gén. Lécrivain, *La jurid. fiscale d'Aug. à Diocl.* Mél. d'Arch. et d'Hist. Ec. de Rome, 1886, p. 91-114.

(2) Ulp. 2. O. P. (1. 16), 7, § 2 : « Cum plenissimam autem jurisdictionem Proconsul habeat, omnium partes qui Romæ vel quasi magistratus vel extra ordinem jus dicunt, ad ipsum pertinent ». Cfr. Wlassak, Krit. Studien, 1884, p. 93. L'ordo désignera ailleurs les dispositions légales, dont s'écartent, not. en mat. de *Jud. publ.*, « qui extra ordinem cognoscunt præfecti vel præsides » (Ulp. 48. 19. 1. 3).

aux *variri judices* de Rome l'*officium* des gouverneurs (1).
Et plus tard Hermogénien énumère ces *judices* qui ont
chacun leur compétence, leurs *cognitiones* propres :
préfets de la ville et du prétoire, également consuls et
préteurs et les autres *caeterique* (2). Aussi bien, loin de
constituer un obstacle, l'unité de représentant s'est
prêtée tout au contraire au résultat final, identique à
Rome et en province, acquis seulement en province
d'une manière plus franche et plus rapide. Dès la
seconde moitié du IIe siècle, nous l'avons constaté, l'ordre civil rentre dans le domaine administratif pour
lequel le gouverneur a toujours dépendu du prince.
Et celui-ci d'étendre d'autant son action, soit qu'il se
réserve d'interpréter l'édit *(suprà,* n° 13) soit qu'il con-
naisse en appel du décret porté par le gouverneur
devenu pour toutes matières *jus dicens* et *judex (suprà,*
n° 24). A l'avenir il n'est donc plus qu'à consolider, à
fortifier le lien administratif rattachant le *Praeses* à
l'empereur. Le *Praeses,* disait Ulpien, a dans sa province un « majus imperium post principem » *(suprà,*
n° 4). Règle de l'époque républicaine adaptée aux
besoins du principat, et qu'il faut adapter encore aux
temps qui s'annoncent.

(1) 3 Inst. (1, 18), 11 : « Omnia enim provincialia desideria,
quæ Romæ varios judices habent ad officium præsidum pertinent ».

(2) 2 Jur. Ep. (1. 18), 10 : « Ex omnibus causis, de quibus
vel Præfectus Urbi, vel Præfectus præterio itemque Consules, et
prætores cæterique Romæ cognoscunt, correctorum et præsidum
provinciarum est notio ».

Il se trouve justement qu'au iii° siècle la tâche de l'administrateur devient sans cesse plus délicate. Un fait d'ordre économique s'impose : il y a dans la société des *potentiores viri* et des *humiliores*. Les premiers sont principalement les propriétaires des domaines fonciers, *saltus* où l'autorité publique même a parfois peine à pénétrer, tandis que les esclaves en fuite y trouvent un refuge (1). Tout un peuple de *plebeii* tend à relever ainsi plus du maître sur les terres duquel il vit que du pouvoir établi. Cependant qui résiste court le risque d'être brisé. *Ne potentiores viri humiliores injuriis adficiant* : c'est le premier devoir du *Praeses*, sur lequel Ulpien insiste en particulier dans les *sex libri opinionum*, commentaire de l'Edit qui s'ouvre par un exposé d'ensemble de l'*officium praetoris seu praesidis*. Les transactions privées, ventes ou engagements, cachent des extorsions

(1) Cfr. la remarque de Frontin, dès le 1ᵉʳ siècle (éd. Lachmann, II, p. 53) : « in provinciis, pracipue in Africá ubi saltus non minores habent privati quam resp. territoria ; quin immo multis saltus longe majores sunt territoriis ; habent autem in saltibus privati non exiguum populum plebeium et vicos circa villam in modum munitionum... ». — Ulp., 1, ed. (11.4), 1, § 1 ; 7, off. Proc. (11.4), 3 : resc. de Pius, « et pœnam eundem præsidem in eum constituere qui inquiri non permiserit ». V. aussi (47. 2), 52. 12. Paul Sent., 1, 6*a*, 4. Alex. (3. 22), 1. Diocl. (6. 1), 2. — Assurément le fait même de la fuite des esclaves est ancien (p. ex. Cic., *Ad. fam.*, V, 9, 2 ; Gell., V, 14) et la répression ne l'est pas moins ; Cfr. la *Lex Fabia*, Ulp. 9, off. Proc. (Coll., XIV, 3, 5), dont les peines pécuniaires sont transformées suivant l'évolution ordinaire en *animadversio extraordinem* (Paul Sent., 5. 30*b*). Cfr. Cuq, Man., p. 827, n° 7. L'Edit donne d'ailleurs une act. *in fact. de servo corrupto* (Gaius, 6. E. P., 11. 3. 15).

et des violences (1). On vendra son bien à un *potens*
sous la menace d'une *cognitio* à laquelle on serait traîné
ut vinctus (2). Le sens moral s'est d'ailleurs affaissé
d'une façon générale, et chacun cherche à tirer de sa
position de fait des gains illicites ; tels ces pêcheurs
trompant à l'aide de phares les navigateurs et se pré-
parant ainsi une *execranda praeda* (3) ; ou cet oculiste
qui donne des médicaments propres à faire perdre la
vue, afin que le client lui vende ses *possessiones* au
mépris de la bonne foi (4). La *Fides* : c'est elle que le
gouverneur doit avoir à cœur de rétablir. Notion classique sans doute, comme l'est aussi le moyen par où
sont redressées les atteintes qu'elle subit : « Res suæ
æquitati per præsidem provinciæ restituitur ». Toutefois, il paraît bien que le *Praeses* doit savoir prendre
l'initiative et dans tous les cas la *coercitio* peut accom-
pagner la sanction civile (5). — D'autres hypothèses
sont celles où, sous le *nomen* ou le *praetextum* de services
publics, des intérêts particuliers se satisfont, ainsi lors
de la levée des *tributa*, du passage ou du logement des
troupes (6). Il arrive que certains exigent des *ministe-*

(1) Ulp., 1, Op. (1. 18), 6, pr. et § 1. V. aussi § 4 et (37. 14), 2,
exercice indû des droits de patronat.

(2) Ulp., 5, Op. (4. 2), 23, § 1. Pour l'hypothèse prévue, 1,
Op. (1. 18), 6, et Diocl. (9. 9), 23.

(3) 1, Op. (47. 9). 10, rappr. déjà Hadr. (47. 8), 7.

(4) 5, Op. (50. 13), 3.

(5) « Incivile factum coercere, remque restitui jubere » (50.
13), 3.

(6) Ulp., 1, Op. (1. 18), 6, § 3, 5, 6, 9. Cfr. Diocl. (7. 39), 1.
Rappr. la *Ratio potentatus* dans Pap. (23. 2), 63.

ria, qui n'ont point l'autorité pour le faire (1). Ce peut être la justice même du *Præses* dont on emprunte les formes extérieures (2). Ici encore, il faut que ce dernier rétablisse les « inciviliter extorta » et sévisse. Enfin, et cette protection est la condition des précédentes, il lui appartient de prendre des mesures pour assurer l'accès de tous auprès de son tribunal. Il donnera des avocats à ceux qui n'en peuvent trouver *per potentiam adversarii* (3). Vains efforts : la *potentis patrocinii metus* (4) traversera le Bas-Empire, et contre l'*insolentia potentiorum* le gouverneur n'aura souvent que la ressource de s'adresser à l'empereur ou au préfet du prétoire (5).

Voilà bien le problème nouveau, nullement politique mais social et moral. Il ne s'agit pas de la cité

(1) Ulp. 1, Op. (50. 13), 2 : « si modo id non ex auctoritate ejus qui jubere potuit factum est » ; pour l'identification précise des hypothèses de ce texte, v. Pernice et Mommsen, Arch. Giur., 1886, pp. 124-126.

(2) Ulp., 5, Op. (4. 2), 23, § 3, pass. à vrai dire remanié (Kalb, *Juristenlatein*, p. 69) et (47. 13), 1 : « si simulato præsidis jussu concussio intervenit, ablatum ejusmodi terrore restitui præses provinciæ jubet et delictum coercet ». — Sur *extorquere,* cfr. Albertario, 2. S. St. 1911, p. 309.

(3) Ulp. 1, Off. Proc. (1. 16), 9, § 5-6 : « Hoc etiam ad invidiam ejus qui provinciæ præest spectat, si quis tam impotenter se gerat ut omnes metuant adversos eum advocationem suscipere ». Le *Præses* a eu effet la haute main sur les avocats ; il prononce sur leurs honor., comme sur tous salaires en général (Ulp., 50. 13. 1. 9). V. Pernice, *loc. cit.,* p. 134-135. — Rappr. dans Gaius, 4, E. P. (4. 7), 1, l'i. i. r. en cas d'*alien. mut. jud. caus.,* lorsqu'on se trouve en face d'un *potentior nobis adversarius.*

(4) Diocl. (9. 9), 23, § 1 en 290.

(5) Constantin (1. 40), 2.

romaine : aujourd'hui il n'est de citoyen que le citoyen romain, — ni par suite de province au sens de conquête : les armées ou contiennent les barbares ou font et défont les empereurs (*suprà*, n° 9). L'ordre social lui-même vacille, *res nova* d'une vérité qui défie les fictions et appelle une refonte dans l'organisation générale.

Et d'abord, puisque cette organisation n'a d'appui réel que dans le Prince, celui-ci s'applique à multiplier son action, à la rendre plus sensible et concrète pour tous, gouvernés et gouvernants. Du moins, il le fait au cours de la première moitié du III\ siècle, car dans la suite et jusqu'à Dioclétien, l'Empire sauf de rares accalmies va s'abîmer dans le désordre et l'invasion. — Ainsi Alexandre Sévère exige pour le sujet la liberté d'atteindre en toute hypothèse l'empereur. Aux *procuratores et praesides*, il demande d'observer la seule attitude qui convienne à des agents intermédiaires, *benevolentia* et *obedientia* (1). Mais, si actif que soit l'empereur, il ne saurait suffire à tout. Aujourd'hui, plus encore qu'hier (*suprà*, n° 5) il lui faut remettre à des délégués le soin de nombre d'affaires, celles par exemple qui concernent une province ou même une fraction de l'Empire. Tel personnage sera *judex sacrarum cognitionum per Asiam et per Orientem* (2). Tout se passe comme si l'empereur avait jugé lui-même : le *judex ex delegatu* agit *vice Cæsaris*, l'on dit aussi main-

---

(1) Paul, 20 Resp. (49. 1), 25 ; Cfr. *suprà*, n° 19.
(2) Dessau, *Inscr.*, n° 1210.

tenant *vice sacra*, et il n'est pas plus d'appel de sa sentence qu'il n'en est de celle de l'empereur (1). Il y a plus : le prince, aujourd'hui, a un représentant permanent et naturel dans la personne de ses ou de son préfet du prétoire. *Vice Cæsaris*, ce préfet l'est partout où César est César ; sans donc qu'il y ait besoin d'une délégation formelle, sa compétence peut et doit s'étendre à tout l'empire. Dès le temps de Septime Sévère, il semble que les appels des gouverneurs soient portés régulièrement à son *auditorium* (2). Au milieu du IIIe siècle, c'est à lui que Gordien (3) adressera une personne se disant victime d'une condamnation illégale portée par un *præses*. Bref cette activité générale devient si rapidement inhérente à la qualité de préfet, et en même temps si lourde, qu'il la faut suppléer à son tour. Par un mandat spécial, exceptionnel, l'empereur désigne un « agens vices præfectorum prætorio » (4), pour l'Afrique par exemple (5). — Autant de faits qui marquent et le désir du prince de surveiller

(1) Cfr. sur ce point Cuq, *Etudes d'épigraphie juridique*, 1881, pp. 98-106. —Ulp. 11 Ed. (4. 4), 18. 3. — Phil. (2. 27 ou 26), 3.

(2) Cfr. Mommsen, Dr. pub.. V, pp. 424-433 — p. 278 en mat. civ. not. la *loi lecta* (Paul, 12. 1. 40) — p. 262 en mat. crim. Phil. Vit. Soph., II, 32 ; Alex (4. 65), 4. — Sur 12 1. 40, v. toutefois Krueger, Sources, p. 272, n. 2.

(3) Gord (9. 2), 26.

(4) Cfr. Cuq, N. R. H., 1899, p. 393 — C. R. Ac. Inscr., 1912 et 1922, p. 184.

(5) Cas d'Aurel, Agricolanus, ap. Acta s. Marcelli (Ruinart Acta Martyr, pp. 343-345). Cfr. Cuq, t. X, des œuvres de Borghési, nº 129 *ter*, p. 151.

toujours plus étroitement les gouverneurs et l'impuis-
sance où il est de le faire autrement que par d'autres
fonctionnaires : les jalons de la hiérarchie compliquée
du Bas-Empire sont posés au cours du IIIe siècle.

32. — Mais cette action en rejoint une autre relative à l'activité propre des Gouverneurs eux-mêmes.
D'Alexandre Sévère encore, il est dit qu'il transforma
« des provinces légatoriennes en plusieurs provinces
présidiales » (1). Il n'y a point là seulement un déclas-
sement administratif, mais bien le rejet délibéré d'une
longue tradition dont les nécessités présentes démon-
trent l'insuffisance. Le *legatus pro prætore*, magistrat
cum imperio, commandant d'armée en même temps
que chef de province, s'efface devant un gouverneur
qui n'est que gouverneur, dont tout le titre vient de
la fonction. C'est dire que le gouvernement des provinces, des provinces de l'empereur du moins, cesse
d'être envisagée comme l'honneur dernier de la carrière
militaire ouverte aux familles sénatoriales. Une activité d'ordre civil retiendra seule le nouveau præses,
et le morcellement territorial (2) qui accompagne le
changement de personnel en est la marque : il est fait
d'ordinaire autant de provinces présidiales que la pro-

(1) Lampr. Alex. Sev., 24 : « Provincias legatorias, præsidiales
plurimas fecit, proconsulares ex senatus voluntate ordinavit ».
(2) Cfr. Marquardt, Org. de l'emp. rom., II, p. 585 ; allusion à
ces divisions dans Macer. 1, de off. Præs. (1. 22), 3. De là au
Dig. l'explication : « legatus, id est pr. pr. » (48. 2. 12. — 1. 18.
20).

vince légatorienne comprenait de subdivisions judiciaires, de *conventus* (*suprà*, n° 7). D'autre part, des formations spéciales à l'administration militaire apparaissent, et la dignité distincte de *Dux* est créée pour elles.

Mesure capitale d'une portée à la fois administrative et politique (1). Au point de vue administratif, la séparation des fonctions civiles et militaires doit favoriser un meilleur rendement des unes et des autres, des civiles avant tout : le *praeses*, uniquement administrateur est à même de connaître des affaires *per se* et non *per assessores* (2). — Au point de vue politique, elle est propre à limiter quelque peu le rôle des armées dans la transmission du pouvoir souverain afin de les tourner vers la seule défense de l'Empire. Ce résultat même témoigne de l'esprit de la réforme : elle n'est d'aucune façon dirigée contre le Sénat et l'ordre sénatorial (3). Aussi bien, dans la confusion qui menace,

(1) Elle ne s'est certainement pas accomplie en une fois. Les emp. suivants l'ont accentuée sans doute, not. Aurélien (Arnold, *the roman system*, 2ᵉ éd., p. 171 et Marquardt, II, p. 457 : cas de la Numidie, *diocesis Africæ*, devenue prov. sous Sept. Sév. sans doute, confiée à un Præses sous Aurél. Obs. toutefois que le statut milit. de l'Af. a toujours été except.). Aussi bien, le *Procur.* du prince remplaçait régulièrement en mat. civile le *legatus* empêché ou défunt ; il administrait *vice præsidis* (Ulp., 26. 5. 1, pr. Gord., 1. 50, 1., etc). Au iiiᵉ siècle il en était venu à suppléer le proconsul (*Acta Martyr.*, p. 140, 275).

(2) Cfr. le vœu d'Al. Sév. *suprà*, n° 25 ; cet emp. n'en dut pas moins maintenir les assesseurs.

(3) L'attitude d'Alex. sera celle des quelques bons empereurs suivants. Cas notamment de Probus, prince de basse extraction

ceux-ci représentent au moins un élément de stabilité. Stable elle-même, de par l'hérédité, l'aristocratie
est intéressée à la stabilité de l'Empire. C'est un fait
qu'Alexandre Sévère, le promoteur de la séparation
des fonctions, s'applique d'autre part à rendre au
Sénat une large place dans l'administration inté-
rieure ; il reprend l'attitude des princes du second
siècle, abandonnée de Septime Sévère (1), et qui
aimaient à charger les sénateurs du soin de leurs intérêts propres mêmes (2). Il ne suffit pas à Alexandre
de pourvoir aux proconsulats *ex voluntate senatus* ; il
va jusqu'à recevoir de lui son *Præfectus Urbi* (3). Plus
encore, il met fin au dualisme existant entre les fonctionnaires équestres de l'empereur et l'aristocratie
sénatoriale : de son représentant né, du préfet *vice
Cæsaris*, il tient à faire un sénateur, un *vir clarissimus* ;
et cela dans le temps où l'autorité universelle de ce
dernier reçoit sa sanction suprême, puisque la force
obligatoire est reconnue aux Edits (*formae*) généraux
qu'il porte (4). C'est dire la relation intime qui unit au

---

et avant tout soldat : Vopiscus, *Vita Probi*, 13. Il y a doute seulement pour Aurélien.

(1) Cfr. Cuq, *Conseil des Emp.*, p. 343 s.

(2) Capit., *M. Aur.*, 10.

(3) Cfr. à cet égard les obs. de Vigneaux, *Hist. de la Præf.
Urbis*, 1896, p. 80.

(4) Lampr., *Alex. Sev.*, 21. Au C. J. (1. 26), 2. Cfr. Cuq, sur
Borghesi, X, p. 110-111. Ce qui n'empêche pas que, sous Tacite,
le Sénat préférera donner au *Præf. Urbi*, la juridiction d'appel
universelle. Vigneaux, *op. cit.*, p. 75. — Sur la situation du
préfet du pr. vis-à-vis du prince assimilée à celle du *mag. eq.*

chef de l'Empire l'ordre le plus élevé de l'Empire ; pour le fonctionnaire qui vient aussitôt après l'empereur, le rang sénatorial convient seul. En vérité, la carrière des clarissimes ne fait que s'adapter au reclassement nécessaire des fonctions : elle peut bien renoncer à s'étendre à cette charge en déclin qu'est le gouvernement de certaines provinces.

33. — Toutefois, ce ne sont là que tendances, que velléités ; après l'anarchie de la seconde moitié du IIIe siècle, Dioclétien peut et doit les coordonner, les systématiser. — Le fait est constant désormais que, dans la hiérarchie *civile*, la charge du gouverneur de province, du *praeses*, constitue le premier anneau d'une chaîne qui, comprenant le vicaire du diocèse (1), aboutit au prince, ou plutôt, au préfet du prétoire *vice sacra* (2) : le Gouverneur est, tout à la fois, juge de droit commun et en première instance *judex ex ordine*, tandis que sont multipliés les *judices ex appellatione* ou *ex delegatu* (3). Seules dépendent directement de l'Empereur quelques provinces recevant encore un

vis-à-vis du dict., du *trib. celerum* vis-à-vis du roi, Cfr. Pomp. (1. 2), 2, § 19. Mais ceux-ci, dit Pomp., étaient des « magistratus ».

(1) Lactance, *De mort. persec.*, 7. Cependant, la pratique de désigner parfois des *vices agentes* subsiste. Cfr. sur la nature controversée de ces fonctionnaires. Cuq, N. R. H., 1899, p. 393.

(2) Hermog. (4, 4), 17. C. Th. (11. 30), 16. La pluralité des préfets est certaine à partir de Constantin. Mais jusq. 363, le titre de préfet n'est pas suivi de la portion de l'Empire où est exercée la fonction (Cuq, sur Borghési, t. X, p. 186).

(3) Constantin (7. 62), 19, en 331.

proconsul entouré de légats. Débris d'un passé aboli, comme sont aussi à Rome les consulats et prétures et le Sénat même. — Aussi bien, l'aristocratie est maintenant comblée ; la multiplication des fonctions répond à la nécessité, à la politique également : cette hiérarchie de fonctionnaires est en outre une hiérarchie nobiliaire (1). Les emplois supérieurs, plus tard presque tous les emplois, celui du Gouverneur y compris, sont réservés aux clarissimes. Hérédité parmi d'autres hérédités : on naît fonctionnaire, comme on naît curiale, soldat, colon. — Cependant il n'est d'autorité dans l'Empire que celle de l'Empereur : ces nobles, ces fonctionnaires, ce sont les siens. Sur l'empereur repose tout l'ordre social. Fardeau pesant : Dioclétien ne croit plus possible à un seul homme d'y suffire. Rôle unique aussi et qui assigne à ceux qui le tiennent un rang unique, — un rang divin. On reconnaît ici, officiellement introduite, l'expression extrême, l'expression orientale (2), d'un sentiment qui pénètre l'âme antique. Le siècle passé a montré, a rappelé,

----

(1) Obs. que cela ne laisse pas d'affaiblir l'action de l'autorité publique vis-à-vis des *potentes*, qui sont eux-mêmes généralement des sénateurs. Lécrivain, le *Sénat romain*.

(2) Celle des peuples qui aspirent au sommeil. Cfr. J. de Maistre, *Et. sur la Souv.* II, 2, 8 et 9. — En Occident, ce sentiment conduit à dire, avec plus de mesure : « Publicum jus *in sacris, in sacerdotibus,* in magistratibus consistit » (Ulp. 1. 1. 1 § 2) ; cfr. *suprà*, p. 29, n. 2 ; à l'origine, *sacerdos* et *magistratus* se confondaient même. — Justinien ne pourra plus conserver cette définition ; rien ne l'empêchera au contraire de garder celle de la *jurisprudentia* (1. 1) 10 § 2 (cfr. Senn, R. H. D. 1925, p. 532).

l'instabilité de l'ordre humain. Muer l'humain en divin, c'est fonder sur l'absolu et sur le vrai. Mais « qu'est-ce que le vrai ? ». Et convient-il à l'homme d'enrôler jusqu'à Dieu ? (1). — Ainsi, legs bien digne du génie romain, tandis que s'achève avec le Haut-Empire l'histoire de la Cité romaine, tous les problèmes s'effacent devant celui que pose, non dans l'abstrait mais dans la vie, le fait nécessaire de l'autorité.

(1) Ev. St Jean, XIX, 38. — G. Ferrero a bien relevé le sens à cet égard des controverses théologiques (*Rev. des Deux-Mondes.* 15 fév. 1921, p. 857 : la ruine de la civilisation antique ; cfr. R. P. Gillet, *Conscience chrét. et just. soc.*, p. 41).

INDEX BIBLIOGRAPHIQUE

ANDT. — *La procédure par rescrit.* Paris, 1920.

ARNOLD. — *The roman system of provincial administration*, 2e éd. Oxford, 1906.

BETHMANN-HOLLWEG. — *Der rœmische Civilprozess*, 3 vol., 1864-66.

BOULARD. — *Salvius Julianus*, 1903.

— *Les instructions écrites du magistrat au juge-commissaire dans l'Egypte romaine*, 1906.

BOYÉ. — *La denuntiatio introductive d'instance sous le principat.* Bordeaux, 1922.

CARCOPINO. — *La loi de Hiéron et les Romains.* Paris, 1919.

CHAPOT. — *La province proconsulaire d'Asie.* Paris, 1904.

— *Dict. Dar.* et *Saglio*, vis *præses*, *provincia*.

COLLINET. — *Etudes historiques sur le droit de Justinien.* I, *Le caractère oriental de l'œuvre législative de Justinien*, 1912.

COSTA. — *Profilo storico del processo civile romano.* Rome, 1918.

CUQ. — *Etudes d'Epigraphie juridique* (Ec. fr. Ath. Rom.). Paris, 1881.

— *Le Conseil des Empereurs d'Auguste à Dioclétien.* Paris, 1884.

— *Manuel des institutions juridiques des Romains.* Paris, 1917.

— *C. R. de l'Acad. des Inscr.*, 1912, 1916, 1922.

— *Les vice-préfets du prétoire.* N. R. H., 1899.

— T. X. des *OEuvres* de Borghési.

— *Dict. Dar. et Sag.* vis *origo*, *jurisdictio*.

— *Fontes Juris romani antiqui*, de Bruns, 7e éd., Tubingue, 1908.

GIRARD. — *Histoire de l'organisation judiciaire des Romains*. I, 1901.

— *Les Assises de Cicéron en Cilicie* (Mél. Boissier, 1905).

— *La date de l'Edit de Julien* (Mélanges, I, p. 214).

— *Manuel élémentaire de droit romain*, 7e édit., 1924 (1).

— *Textes de droit romain*, 5e éd., 1923 (1).

GLASSON. — *Etude sur Gaius*. Paris, 2e éd., 1885.

HIRSCHFELD. — *Die kaiserlichen Verwaltungsbeamten bis auf Diocletian*, 2e éd., Berlin, 1905.

INSCRIPTIONS. — *Corpus Inscriptionum latinarum* (C. I. L.); *Recueils* d'Orelli-Henzen, 1828-56 ; Dessau, 1882 ; *Inscriptions latines de l'Algérie*, éd. Gsell, 1922.

JULLIAN. — *Les transformations politiques de l'Italie* (Bibl. Ec. Ath. R.). Paris, 1884.

KARLOWA. — *Rœmische Rechtsgeschichte*. Leipzig, 1885.

KNIEP. — *Der rechtsgelehrte Gaius und die Ediktscommentare*. Iéna, 1910.

KORNEMANN. — V° *conventus* (Realencyclopädie Pauly-Wissowa).

KRUEGER. — *Histoire des Sources du droit romain*, tr. fr. Paris, 1888 ; 2e édit., *Geschichte der Quellen*. Munich et Leipzig, 1912.

LÉCRIVAIN. — *Le Sénat romain depuis Dioclétien*. Paris, 1888.

LEIFER. — *Die Einheit des Gewaltgedankens im rœm. Staatsrecht*. Munich, 1914.

LENEL. — *Das Edictum perpetuum*, 2e éd. Leipzig, 1907.

LIEBENAM. — *Die Legaten in der rœmischen Provinzen von Augustus bis Diocletian*. Leipzig, 1888.

— *Städteverwaltung im rœmischen Kaiserreiches*. Leipzig, 1900.

LOISEAU. — *De la compétence territoriale des magistrats romains investis du jus dandi tutores*. N. R. H., 1886.

MARQUARDT. — *Organisation de l'Empire romain*, tr. fr. Weiss et Louis Lucas. Paris, 1889.

MARX. — *Essai sur les pouvoirs des gouverneurs de prov.*, 1880.

---

(1) Toutefois, dans le présent travail, les renvois sont faits à la 6e éd. (1918) du *Manuel* et à la 4e éd. des *Textes* (1913) dont nous disposons habituellement.

MERKEL. — *Ueber die geschichte der klassischen appellation.* Halle, 1883.

MITTEIS. — *Reichsrecht und Volksrecht in der œstlichen Provinzen.* Leipzig, 1891.

MOMMSEN. — *Droit public romain,* 8 vol., trad. fr. Girard, 1886-92.

— *Droit pénal romain,* 3 vol. tr. fr. Duquesne, 1907.

PARTSCH. — *Die Schriftformel im rœmischen Provinzialprozesse.* Breslau, 1905.

PERNICE. — *L'ordo judiciorum et l'extraordinaria cognitio* (Arch. giuridico. Pise, 1886, t. 36).

PERROT. — *L'appel dans la procédure de l'ordo judiciorum.* Paris, 1907.

von PREMERSTEIN. — V° *legatus* (Pauly-Wissowa, 1924).

ROSEMBERG. — V° *imperium* (*ibid.*, 1916).

RUDORFF. — *Rœmische Rechtsgeschichte.* Leipzig, 1859.

SOLAZZI. — *La minore Eta nel Diritto romano.* Rome, 1913.

von VELSEN. — *Das Edictum provinciale des Gaius* (Z. der Sav. Stift., 1900, t. 21).

WADDINGTON. — *Fastes des provinces Asiatiques de l'Empire romain,* 1872.

WEISS. — *Studien zu den rœmischen Rechtsquellen.* Leipzig, 1914.

WENGER. — *Institutionen des rœmischen Zivilprozessrechts.* Munich, 1925.

WILLEMS. — *Droit public romain.* Louvain, 7e éd., 1910.

WLASSAK. — *Rœmische Processgesetze.* Leipzig, 1888-91.

— *Zum rœmischen Provinzial prozess.* Vienne, 1919.

— *Der Iudikationsbefehl der rœmischen Prozesse.* Vienne, 1921.

TABLE DES MATIERES

www.ingramcontent.com/pod-product-compliance
Ingram Content Group UK Ltd.
Pitfield, Milton Keynes, MK11 3LW, UK
UKHW022340090726
13658UKWH00001B/378